중학교 가기 전

수행평가 글쓰기

지은이 한경화

천안 동성중학교에서 국어를 가르치면서, 어휘력이 부족해 글쓰기와 말하기에 어려움을 겪고 맞춤법과 띄어쓰기를 어려워하는 학생들의 문법 교육에 많은 정성을 쏟고 있다. 독서와 글쓰기를 통해 학생들의 창의력과 인성을 키울 수 있다고 믿기에 독서 교육과 글쓰기 교육에도 열정을 쏟고 있다.

출간한 책으로는 〈중학생 글쓰기를 부탁해〉, 〈책쓰기로 키우는 작가의 꿈 1-6〉, 〈열다섯 우리들의 꿈〉, 〈글을 쓴다는 것〉, 〈학교에서 만난 기적〉, 〈생각을 시로 물들이다〉, 〈책을 쓰는 아이들〉, 〈책쓰기에 풍덩 빠지다〉가 있다.

중학교 가기 전
수행평가 글쓰기

지은이 한경화

초판 1쇄 인쇄 2022년 10월 17일
초판 2쇄 발행 2024년 1월 12일

발행인 박효상
편집장 김현
기획·편집 장경희, 김효정, 권순범
디자인 임정현
마케팅 이태호, 이전희
관리 김태옥

기획·진행 김현
교정·교열 안현진
표지·본문 디자인·조판 페이지트리
표지 일러스트레이션 장명진

종이 월드페이퍼 | 인쇄·제본 예림인쇄·바인딩 | 출판등록 제10-1835호
펴낸 곳 사람in | 주소 04034 서울시 마포구 양화로11길 14-10(서교동) 3F
전화 02) 338-3555(代) | 팩스 02) 338-3545 | E-mail saramin@netsgo.com
Website www.saramin.com

책값은 뒤표지에 있습니다.
파본은 바꾸어 드립니다.

ⓒ 한경화 2022

ISBN 978-89-6049-967-6 64710
      978-89-6049-966-9 (세트)

우아한 지적만보, 기민한 실사구시 사람in

중학교 가기 전

수행평가 글쓰기

한경화 지음

사람in
saram
in.com

지금 이 책을 읽고 있는 친구들은 중학교에 가면 공부도 어려워지고, 특히 수행평가가 어렵다는 주변의 이야기에 살짝 걱정이 되기도 할 거예요. 그런 학생들을 위해 준비한 것이 바로 이 책이랍니다. 중학교 학생들을 가르치다 보면 '글쓰기'를 좋아하는 친구들보다 싫어하는 친구들이 훨씬 많아서 저는 중학교 1학년 때부터 '쓰기'를 매우 강조하며 수업을 진행합니다. 살아가는 동안 글을 쓸 일이 얼마나 많은지, 글쓰기를 잘 못하면 많은 분야에서 제대로 능력 발휘를 못 하기 때문에 나중에 별도로 글쓰기를 배워야 한다는 사례 등을 소개하면서 말이에요.

★ 논리적 사고력, 창의적 상상력을 키우는 글쓰기

시대가 변하면서 세상이 변하고 있지만, 우리의 삶과 교육, 직장 등 어디에서나 한결같이 중요하게 여겨지는 것이 있습니다. 바로 글쓰기가 그 주인공입니다. 4차 혁명 시대에서 필요한 사람은 '논리적인 사람', '융합적 사고력을 지닌 사람', '창의적인 인재', '상상력이 뛰어난 인재'입니다. 글쓰기는 이러한 능력을 지닌 인재를 키워 낼 수 있는 좋은 교육 방법 중 하나입니다. 자신의 생각을 담아내는 글쓰기를 하는 동안 사고력이 커지고, 이것은 논리를 펴는 힘을 강화시킵니다. 여기에 재미있는 이야기를 창작하면서 상상력을 마음껏 펼친다면 논리적 사고력, 창의적 상상력이 무럭무럭 커지겠지요.

★ 글쓰기로 키우는 7가지 능력

세계적인 기업들은 핵심을 빠르게 파악하고 그것을 글쓰기로 명료하게 전달할 수 있는 인재에 주목하고 있습니다. 미국 하버드대학교에서는 학생들을 탁월한 설득력을 지닌 리더로 키우기 위해 입학하자마자 학생들에게 글쓰기를 가르칩니다. 글쓰기를 하면 다음 7가지 능력을 기를 수 있다고 하니 글쓰기가 안겨 주는 선물은 대단합니다.

1. 논의의 출발이 되는 분석적인 질문이나 문제를 제시하는 능력

2. 논리정연하게 주장을 구성하는 능력

3. 신중하게 검토된 근거로 주장을 증명하는 능력

4. 빌려온 자료들을 책임감 있게 활용하며 표절을 원천 봉쇄하는 능력

5. 상대가 빠르게 이해하도록 표현하고 전달하는 능력

6. 주장에 대한 이의를 예상하고 대응하는 능력

7. 설득력 있는 에세이와 논문을 작성하는 능력

출처: 『150년 하버드 글쓰기 비법』 (송숙희)

★ 점점 더 확대되는 서술형·논술형 평가

새롭게 바뀌는 2022 교육과정에서는 서술형·논술형 평가가 더 확대될 전망이에요. 이에 따라 각 시·도교육청에서는 서술형 평가의 비율을 더 늘릴 계획을 세우고 있어요. 서술·논술형 문제를 통해서 학생들의 창의력과 사고력을 평가할 수 있기 때문에 창의력과 사고력이 강조되는 현 교육과정에서는 반드시 선택할 수밖에 없는 변화인 것 같아요.

우리 학생들은 글쓰기를 통해 12년의 초중고 교과과정과 그에 따른 평가에서 자신이 주체가 되어 자신의 생각을 펼칠 수 있는 평가 기회를 갖게 될 거예요. 그리고 주어진 조건과 상황을 이해하고 분석하는 창의적인 글쓰기를 통해 분석하고 종합하여 새로운 것을 만들어 낼 수 있는 '사고력과 창의력'을 키우게 될 거예요.

특히 논술은 글을 읽고 이해하는 능력과 자료를 객관적으로 분석하고 평가하는 능력, 이를 응용해서 비판하는 능력을 비롯해 분명하고 확실하게 자기 주장을 펼칠 수 있는 논리력과 창의력을 평가하는 중요한 도구예요. 따라서 서술형 평가에서 자료를 해석해서 쓰거나, 자신의 생각을 쓰는 문항들을 잘 해결하기 위해서는 논술 실력을 쑥쑥 키워야 해요.

이 책에서 소개하는 수행평가와 서술형 평가 〈예시〉와 〈도전〉 문항들이 확대되는 서술형·논술형 평가를 한발 앞서 준비하는 경쟁력 확보에 중요한 수단이 되기 바랍니다.

대한민국 학생들의 글쓰기를 응원하며
국어교사 한경화

초등 6학년,
수행평가 글쓰기를 대비할 골든 타임

★ 중학교 평가 살짝 엿보기

중학교 신입생들에게 도움을 주고자 **'중학교 생활 중 가장 궁금한 것이 무엇이냐'**고 물어보면 대부분 **'시험과 평가가 어떻게 진행되는가'**를 꼽아요. 각 과목마다 선생님이 수업 시간에 친절하게 안내해 주시지만, 말로만 들어서는 감이 잘 안 잡히기 때문이에요.

중학교 평가는 '수행평가'와 '지필평가'로 나뉘어요. 보통 국어, 영어, 수학, 과학, 도덕, 사회(역사), 기술·가정(기가), 한문 과목은 수행평가와 지필평가로 나누어 평가를 진행해 성적을 산출합니다. 반면, 음악, 미술, 체육 과목은 수행평가만으로 성적을 산출해요. 요즘은 각 학교에 평가의 자율권이 많이 부여되면서 한문이나 기술·가정의 경우 수행평가만으로 성적을 산출하는 학교들도 있어요.

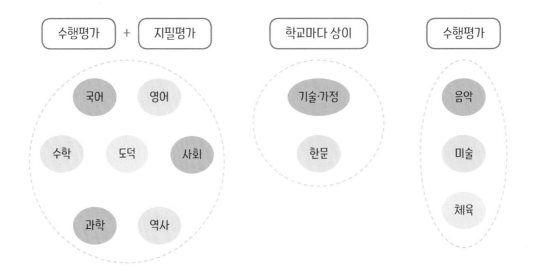

★ 글쓰기는 중학교 공부의 힘

과목별로 수행평가와 지필평가의 비중이 조금씩 다르지만, 최근의 경향을 보면 수행평가의 비중이 점점 커지고 있어요. 이 책의 2장에서 수행평가에 대해 자세히 안내하겠지만, **수행평가 관리를 잘하는 학생이 좋은 성적을 얻을 수 있다**는 사실을 미리 말해 둘게요. 하지만 그보다 먼저 초등학교 때부터 차곡차곡 준비해야 할 게 있어요. 그건 바로 글쓰기예요.

갑자기 웬 글쓰기냐고요? 글쓰기는 여러분이 중학교에 입학하는 순간부터 학교에서 하는 모든 활동에서 아주 많이 쓰이기 때문이에요. 기본적으로 모든 수업 시간에 글쓰기 활동이 포함되어 있고, 예체능 과목을 제외한 수행평가 대부분이 글쓰기로 이루어져요. 서술형 평가는 물론이고요. 수업이나 평가 외에도 학교에서 열리는 각종 행사(글쓰기 대회 포함)에서도 글을 잘 쓰는 친구들은 빛을 발하며 가산점을 얻을 수 있어요.

또, 초등학교 고학년 학생들은 서술형 시험을 경험해 보았겠지만, 현재 학교의 평가 방향이 중·고등학교 시험 역시 정답을 고르는 선다형(객관식)에서 글로 쓰는 서술형으로 점차 바뀌고 있어요. 왜냐하면 이제는 단편적인 지식을 기억하는 것만으로 실력을 인정받는 시대가 아니라, 자신이 알고 있는 것(지식)을 글로 쓸 수 있어야 인정받는 시대가 되었기 때문이에요. 사회 각 영역에서 글쓰기가 필요하지 않은 업무가 없거든요.

여러분은 이렇게 중요한 글쓰기를 지금부터 차근차근 준비해서 중학교에 가면 그 힘을 발휘할 수 있게 해보세요. 다른 친구들이 글쓰기를 진작부터 해두지 않은 것을 후회할 때, 이 책을 읽는 여러분은 웃으면서 글쓰기를 척척 해내며 어려운 중학교 공부를 쉽게 하게 될 거예요.

그럼 중학교 공부에 힘이 되는 즐거운 글쓰기를 하러 힘차게 출발해 보도록 해요.

STUDY PLAN

*주말은 쉬면서 하루에 하나씩 7주 완성 PLAN

1 st week	DAY 1 날짜:_____ 체크:	DAY 2 날짜:_____ 체크:	DAY 3 날짜:_____ 체크:	DAY 4 날짜:_____ 체크:	DAY 5 날짜:_____ 체크:
2 nd week	DAY 6 날짜:_____ 체크:	DAY 7 날짜:_____ 체크:	DAY 8 날짜:_____ 체크:	DAY 9 날짜:_____ 체크:	DAY 10 날짜:_____ 체크:
3 rd week	DAY 11 날짜:_____ 체크:	DAY 12 날짜:_____ 체크:	DAY 13 날짜:_____ 체크:	DAY 14 날짜:_____ 체크:	DAY 15 날짜:_____ 체크:
4 th week	DAY 16 날짜:_____ 체크:	DAY 17 날짜:_____ 체크:	DAY 18 날짜:_____ 체크:	DAY 19 날짜:_____ 체크:	DAY 20 날짜:_____ 체크:
5 th week	DAY 21 날짜:_____ 체크:	DAY 22 날짜:_____ 체크:	DAY 23 날짜:_____ 체크:	DAY 24 날짜:_____ 체크:	DAY 25 날짜:_____ 체크:
6 th week	DAY 26 날짜:_____ 체크:	DAY 27 날짜:_____ 체크:	DAY 28 날짜:_____ 체크:	DAY 29 날짜:_____ 체크:	DAY 30 날짜:_____ 체크:
7 th week	DAY 31 날짜:_____ 체크:	DAY 32 날짜:_____ 체크:	DAY 33 날짜:_____ 체크:	DAY 34 날짜:_____ 체크:	최종 마무리

*주말은 쉬면서 하루에 두 개씩 3.5주 완성 PLAN

1 st week	DAY 1 / Day 2 날짜:_____ 체크:	DAY 3 / 4 날짜:_____ 체크:	DAY 5 / 6 날짜:_____ 체크:	DAY 7 / 8 날짜:_____ 체크:	DAY 9 / 10 날짜:_____ 체크:
2 nd week	DAY 11 / 12 날짜:_____ 체크:	DAY 13 / 14 날짜:_____ 체크:	DAY 15 / 16 날짜:_____ 체크:	DAY 17 / 18 날짜:_____ 체크:	DAY 19 / 20 날짜:_____ 체크:

3rd week

DAY 21 / Day 22	DAY 23 / 24	DAY 25 / 26	DAY 27 / 28	DAY 29 / 30
날짜:_____	날짜:_____	날짜:_____	날짜:_____	날짜:_____
체크:	체크:	체크:	체크:	체크:

4th week

DAY 31 / 32	DAY 33 / 34	최종 마무리
날짜:_____	날짜:_____	
체크:	체크:	

일러두기

◉ 미리 알고 가는 것에 의의를 두세요.

수업 시간에 새로운 내용을 배울 때 전혀 모르는 내용보다 책을 읽어서 아는 내용이면 더 잘 이해하게 되죠? 수행평가 글쓰기도 마찬가지예요. 아무것도 모르고 오는 친구들보다 이 책을 읽어 본 친구들은 수업 시간에 선생님이 수행평가 관련 설명을 해 주실 때 훨씬 더 잘 이해하게 될 거예요. 매일 꾸준히 찬찬히 읽는 것으로 충분해요.

◉ 모르는 내용은 마음 편하게 넘어가도 돼요.

책을 읽다 보면 아직 배우지 않은 내용을 써야 하는 문제도 있어요. 그건 여러분이 못 푸는 게 당연해요. 그럴 때는 '아, 중학교에서는 이런 내용을 배우고 평가하는구나' 하고 마음 편하게 넘어가면 됩니다. 완벽하게 하지 않아도 괜찮습니다. 대신 예시로 들어준 내용은 꼭 읽어 보세요. 그것만으로도 이미 충분하답니다.

◉ 여러분만의 쓰기 공책을 준비해 주세요.

책에는 여러분이 쓸 수 있는 공간이 마련되어 있어요. 하지만 글씨를 크게 쓰는 친구들에게는 공간이 넉넉하지 않을 수도 있고, 더 많은 내용을 쓰고 싶은 친구들에게는 부족할 수도 있어요. 그래서 이 책을 공부할 때는 여러분만의 쓰기 공책을 옆에 준비해 놓고 공간의 제약 없이 마음껏 글쓰기 훈련을 하세요.

PART 1

'중학생이 된
나'를 소개하는
첫 글쓰기

중학교에 입학하면 가장 먼저 쓰는 글 – 자기소개서

여러분이 설레는 마음과 기대를 가득 안고 중학교에 입학하여 제일 먼저 하게 되는 글쓰기가 뭘까요? 아마 예리한 친구들은 이 파트의 제목을 통해 '자기를 소개하는 글쓰기'일 거라는 생각을 금방 떠올렸을 거예요.

여러분은 자기소개서를 통해 담임 선생님과 학교 선생님들에게 자신의 첫인상을 조금은 특별하게, 그리고 인상깊게 남길 수 있어요. 그러니 자기소개서를 잘 써야겠지요? 그런데 어떻게 해야 자기소개서를 잘 쓸 수 있을까요? 열심히 최선을 다해 알차게 쓰면 된다고요? 정확히 맞는 말이에요. 그럼, 중학생이 되자마자 쓰는 자기소개서에 대해 좀 더 자세히 알아보도록 해요.

중학교 신입생의
자기소개서
맛보기

미리 채워 보는
자기소개서

중학교에 입학해서 여러분이 가장 먼저 쓰게 되는 글은 바로 자기소개서예요. 신입생 배정통지서가 학교에 도착하면 선생님들은 어떤 친구들이 우리 반에 들어왔을까 너무 궁금해요. 그래서 여러분에 대한 정보를 얻고자 입학 전 신입생 오리엔테이션 기간에 자기소개서를 작성해 오도록 자기소개서 양식 종이를 미리 나누어 줍니다. 물론 학교에 따라 입학 후에 작성해 오라고 하는 학교도 있지만 대부분은 사전에 안내할 거예요.

요즘은 개인정보에 대한 보호가 강화되면서 아예 자기소개서를 배부하지 않는 학교들도 점점 많아지고 있지만, 아직까지는 입학 전에 배부하여 작성하도록 안내하는 학교가 많습니다. 자기소개는 자기를 들여다보고 글로 써 보는 첫 번째 활동이기도 하고, 선생님이 여러분을 더 잘 지도하기 위해 수업 시간에 자주 실시하는 활동이기 때문에 미리 해 보는 게 좋을 것 같아요.

이 책에서의 자기소개서는 간단한 답변을 기록하는 항목부터 문장으로 쓰는 항목까지 여러분을 소개하는 다양한 내용으로 구성해 보았어요. 나의 이름, 꿈, 취미, 특기, 집 주소, 나와 가족들의 휴대전화 번호와 같은 정보를 기록하는 난 이외에도 생각하고 채워 써야 하는 칸이나 표가 있으니 글쓰기의 시작이라고 생각하고 채워 보세요.

글로 쓰는 자기소개서 항목 ☑

☐ 가족 소개   ☐ 친구 소개

☐ 우리 집 가훈   ☐ 가정 분위기

☐ 나의 성격   ☐ 나의 장단점

☐ 친구 관계   ☐ 학습이나 생활면에서의 어려움

☐ 건강 상태   ☐ 나만의 비밀

☐ 선생님에게만 들려주고 싶은 고민 이야기 등

자기소개서에 제시된 모든 항목들을 꼼꼼하고 자세하게 기록해 보세요. 깨끗하고 예쁜 글씨로 작성해야 하는 것은 물론이겠죠? 자신이 예비 중1이라고 생각하고 다음 페이지에 나오는 자기소개서를 한번 채워 보세요. 잘 쓰지 못해도 괜찮아요. 쓸 수 있는 데까지 채워 보는 게 중요해요.

중학생이 되자마자 쓰는 자기소개서는 여러분의 첫인상을 결정짓는 아주 중요한 자료예요. 깨끗하고 예쁜 글씨로 성의 있게 쓴 자기소개서를 읽으면 선생님들은 미소를 지으며 '이 친구는 글씨도 예쁘게 쓰고, 글도 잘 쓰는 친구네. 자기소개서를 성실하게 작성한 것으로 보아 분명 멋진 친구일 거야.'라고 속으로 생각하게 된답니다. 선생님도 그랬답니다.

여기서 놓치면 안 되는 중요한 사실 한 가지!

자기소개서는 여러분의 과목별 수행평가 1호가 된다는 것을 꼭 기억하세요. 중학교에서는 수업 준비, 발표, 활동지 작성, 토론 등 수업 시간에 공부하는 과정이 모두 수행평가가 되기 때문에 자기소개서 활동지 역시 열심히 작성해야 해요.

수행평가 ① 나를 소개합니다

1. 저에 대해 알려드릴게요

주민등록번호	자신의 주민번호를 외워 두는 차원에서 기록해 봅니다	집 주소	우리 집 주소도 주민번호와 마찬가지
가장 친한 친구를 소개합니다	*김미소: 마음을 털어놓는 베스트 프렌드 * 이수정, 김아름: 6학년 때 친한 친구 *도지훈: 유치원 때부터 같이 놀던 친한 친구		
초등학교	○○초등학교	나의 꿈 (직업)	중학교 국어 선생님
나의 특기	상상하는 글쓰기	나의 취미	유튜브 보며 좋아하는 가수 춤 따라 추기
나의 성격	웃음이 많고 긍정적이다	나의 장단점	장점: 긍정적이고 잘 웃는 것 단점: 어려운 일은 피하고 보는 것
좋아하는 것	강아지와 산책하기	싫어하는 것	어려운 수학 문제 풀기

2. 우리 가족을 소개합니다

*아빠: 안경을 쓰셨고, 요즘 살이 찌셔서 배가 불룩하게 나왔다. 항상 나를 응원해 주시고 용돈을 잘 주신다.

*엄마: 만능 요리사이며 집안일을 척척 해결하는 해결사이다. 나를 많이 사랑하시는 정신적 지주이다.

*남동생: 앞니가 4개나 빠져 웃을 때 정말 웃기는 개구쟁이다. 가끔 나를 귀찮게 하기도 하지만 귀엽다.

*아롱이: 우리 집 막내라 부르는 강아지이다. 다리가 짧고 침을 질질 흘리지만 너무 귀엽고 사랑스러워서 가족들의 사랑을 독차지한다.

※ 우리 집의 가훈은?	※ 우리 집의 분위기는?
최고보다는 최선을 다하며 살자	엄마와 아빠가 아재 개그를 종종 발사해서 때때로 즐겁고, 나와 동생이 싸우거나 속을 썩일 때는 진지하다. 대체로 웃음이 넘쳐나고 화목한 분위기이다.

3. 저의 일과를 소개합니다

등교 수단 (걸리는 시간)	버스 (학교까지 20분 정도)	독서 시간 (하루 중 몇 시쯤, 몇 분 동안)	학교에서 읽는 시간 (약 30분 정도)
학원명 (다니는 학생만 기록)	○○ 학원과 태권도 학원	학원에서 배우는 과목	국, 영, 수, 사, 과, 태권도
집에 도착하는 시간	저녁 8시 30분경	집에서 핸드폰을 하는 시간	약 (2)시간 정도
집에서 핸드폰 제출 여부 (장소?, 시간? 예시: 거실, 밤 10시)	밥을 먹거나 시험 기간에 엄마와 약속을 정해서		

4. 저의 건강 상태 및 비밀 이야기

※몸이 불편하거나 안 좋은 곳이 있으면 말해 주세요. (학교와 선생님이 최대한 배려합니다.)	※선생님께 들려드리고 싶은 고민 이야기 (가족, 경제적 상황등―선생님이 도와줄 수 있는 한 최선을 다해 도와줄게요.)

* 아토피 피부염과 햇빛 알러지가 있어 여름철 실외에서
  하는 체육 시간에 햇빛을 많이 쐬면 안 좋습니다.
* 안경을 써도 교정 시력이 별로 좋지 않아 앞자리에 앉으면
  좋겠습니다.
	* 초등학교 4학년 때 왕따를 당한 적이 있어 친구 관계
	  가 매우 조심스럽습니다.
	* 엄마가 아프셔서 많이 슬프고 걱정이 됩니다.

수행평가 ① 나를 소개합니다

 이번에는 여러분이 직접 작성해 보세요. 최선을 다해 쓰는 게 중요합니다.

1. 저에 대해 알려드릴게요

주민등록번호		집 주소	
가장 친한 친구를 소개합니다			
초등학교		나의 꿈 (직업)	
나의 특기		나의 취미	
나의 성격		나의 장단점	
좋아하는 것		싫어하는 것	

2. 우리 가족을 소개합니다

※ 우리 집의 가훈은?	※ 우리 집의 분위기는?

3. 저의 일과를 소개합니다

등교 수단 (걸리는 시간)	독서 시간 (하루 중 몇 시쯤, 몇 분 동안)
학원명 (다니는 학생만 기록)	학원에서 배우는 과목
집에 도착하는 시간	집에서 핸드폰을 하는 시간
집에서 핸드폰 제출 여부 (장소?, 시간? 예시: 거실, 밤 10시)	

4. 저의 건강 상태 및 비밀 이야기

※몸이 불편하거나 안 좋은 곳이 있으면 말해 주세요. (학교와 선생님이 최대한 배려합니다.)	※선생님께 들려드리고 싶은 고민 이야기 (가족, 경제적 상황등—선생님이 도와줄 수 있는 한 최선을 다해 도와줄게요.)

입학 후 '나를 소개하는 글쓰기' 맛보기

3월 첫 주에는 입학식을 하고 과목별 첫 수업 시간을 맞이해요. 과목별 첫 수업 시간은 정말 중요해요. 선생님과 같은 반 친구들에게 첫인상을 멋지게 심어줄 절호의 기회예요. 왜냐하면 첫 시간에 주로 자기소개가 이루어지거든요. 돌아가면서 말로 자기소개를 하기도 하고, 활동지에 자기소개서를 글로 쓴 후 발표를 하기도 해요.

'나를 소개하는 글쓰기'는 내가 어떤 사람인지, 무엇을 잘하고 무엇에 소질이 있는지, 싫어하거나 어려워하는 것은 무엇인지, 어떤 것에 관심이 많은지, 나의 장점은 무엇인지 등을 담아 자신을 글로 소개하는 거예요. 아래와 같은 내용이 담기면 좋아요.

- 나는 어떤 사람인가?
- 나는 무엇을 잘하는가?
- 나의 소질은 무엇인가?
- 내가 싫어하는 것은 무엇인가?
- 내가 어려워하는 것은 무엇인가?
- 나는 어떤 것에 관심이 많은가?
- 나의 특기와 취미는 무엇인가?

이걸 처음부터 막힘없이 잘 쓰면 좋겠지만 그러기가 쉽지 않아요. 그래서 다음과 같이 핑거맵을 그리면서 어떤 내용을 쓸 것인가 미리 짜 본 뒤에 글을 쓰면 훨씬 쉽게 쓸 수 있어요. 손 모양을 그린 후 손바닥 가운데에 자기 이름을 쓰고 손가락마다 각 항목에 대한 답을 간략하게 써 보는 거죠. 핑거맵은 꼭 나를 소개하는 글쓰기에만 쓰이지 않아요. 사회처럼 여러 과목에서 쓰이는 활동이니 미리 연습해 두면 좋을 거예요.

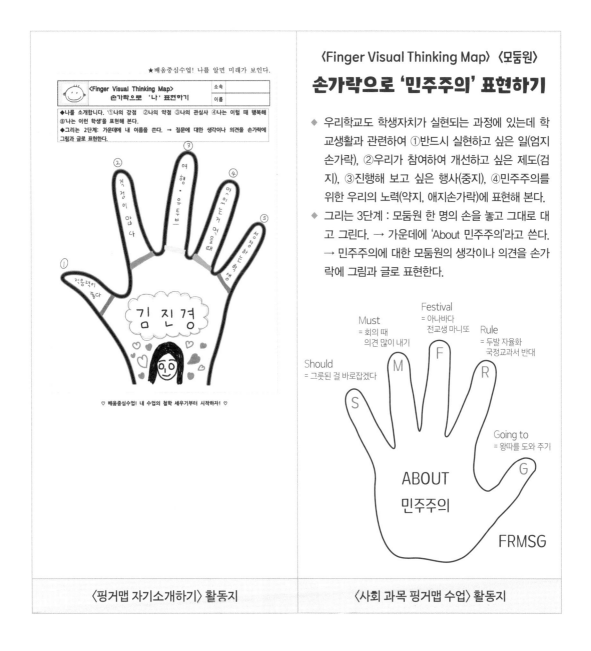

| 〈핑거맵 자기소개하기〉 활동지 | 〈사회 과목 핑거맵 수업〉 활동지 |

수업 시간에 많이 하는 핑거맵 자기소개는 보통 아래와 같은 내용으로 작성합니다.

〈Finger Visual Thinking Map〉
손가락으로 '나' 표현해 보기

◆ 나를 소개합니다: ①나의 강점 ②나의 약점 ③나의 관심사 ④나의 소질이나 특기 ⑤나의 취미를 표현해 본다.

◆ 그리는 단계: 손 가운데에 내 이름을 쓴다. → 각 번호별 질문에 대한 생각이나 의견을 손 가락에 그림과 글로 표현한다.

수행평가② 비주얼씽킹 활동지

 이제 여러분이 직접 자기소개 내용을 담아 작성해 보세요.

<Finger Visual Thinking Map>
손가락으로 '나' 표현해 보기

◆ 나를 소개합니다: ①나의 강점 ②나의 약점 ③나의 관심사 ④나의 소질이나 특기 ⑤나의 취미를 표현해 본다.

◆ 그리는 단계: 손 가운데에 내 이름을 쓴다. → 각 번호별 질문에 대한 생각이나 의견을 손 가락에 그림과 글로 표현한다.

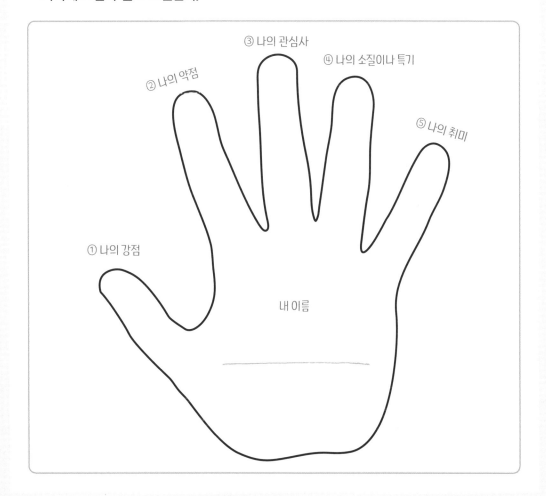

DAY 3

'자기소개서'
수행평가 맛보기

다음은 선생님이 중학교 1학년 국어 첫 수업 시간에 학생들과 활동한 자기소개서 활동 내용이에요. 물론 수행평가 1호 활동지가 되었지요. 활동지 양식과 선배들이 작성한 활동지 예시를 보여줄게요.

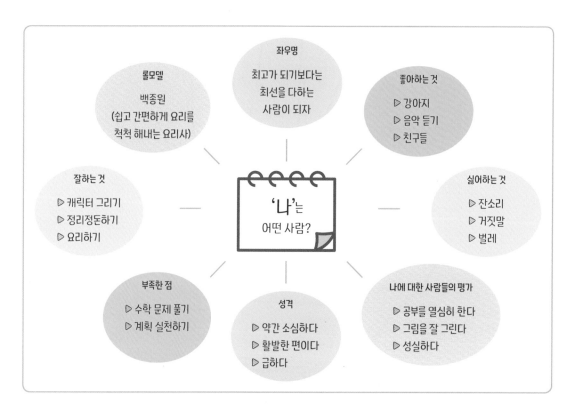

수행평가 ③ 나 지도 활동지 Ⅰ

✎ 나는 누구일까요? '나 지도'를 만들면서 나의 여러 가지 특징을 파악해 보세요. 채울 내용이 여러 개가 있으면 여러 개를 쓰세요.

롤모델

좌우명

좋아하는 것

잘하는 것

싫어하는 것

'나'는
어떤 사람?

부족한 점

성격

나에 대한
사람들의 평가

어떤가요? 내용을 채우는 게 어려웠나요? 항목별로 내용을 채우는 데 별로 어려움이 없거나 술술 쓸 수 있었던 친구는 자기 자신에 대해 평소에 생각을 많이 한 친구이거나 글쓰기에 두려움이 없는 친구일 거예요. 그런데 중학교 1학년 학생들 중 자기를 소개하는 글을 잘 채우지 못하는 친구들이 의외로 많아요.

자기를 소개하는 글을 잘 쓰려면 평소 자신에 대해 다양하고 깊은 생각을 하면서 '나 들여다보기'를 해둘 필요가 있어요. 자신에 대해 잘 알고 있어야 말로 하는 자기소개든, 글로 쓰는 자기소개든 언제나 자신 있게 할 수 있어요. 여러분은 지금 미리 해 보고 있으니 중학교에 입학해서도 어떤 자기소개든 자신 있게 해서 선생님께 칭찬받는 친구들이 될 거예요.

'나 지도'를 작성하고 나면 이제 다음 단계의 활동으로 넘어가야 해요. 다음 단계는 앞에 작성한 8개 항목 중 5개 항목을 선정해 글로 소개하는 활동이에요. 예시를 보면서 차근차근 해 보세요.

수행평가 ③ 나 지도 활동지 Ⅱ

✎ '나 지도'의 내용 중 5가지를 골라 나를 소개하는 내용을 창의적으로 써 보세요.

> 예시   저는 요리하는 것을 좋아해서 제 롤모델인 백종원 아저씨처럼 쉽고 간편하게 요리를 하는 요리사가 되고 싶어요.

❶ ....

❷ ....

❸ ....

❹ ....

❺

✎ 이번에는 ❶❷❸❹❺의 내용을 합쳐서 써 보세요. 항목과 항목 사이에 연결하는 말을 넣어 이어 쓰면 더 멋진 자기소개 글이 완성될 거예요.

저 ◯◯◯를 소개합니다.
....

저는
....

....

....

....

....

2장

멋진
자기소개서를 쓰는
노하우 익히기

나는 어떤 사람인지 표현하기

여러분은 앞으로 살아가는 동안 '자신을 소개하는 글'(일명 자기소개서)을 수없이 많이 쓰게 될 거예요. 그래서 선생님은 여러분에게 자기소개서를 잘 쓸 수 있는 방법을 차근차 근 알려주고 싶어요. 사실 글쓰기 실력은 초등학교 때 충분히 길러 두지 않으면 그 후에는 더 많은 시간과 노력을 들여도 늘거나 좋아지기 힘들어요. 대신 초등학교 때 글쓰기 실력을 잘 길러 놓으면 중학교, 고등학교, 대학교까지 편리하게 사용할 수 있답니다. 그러니 지금이 정말 중요한 시기겠지요?

자기를 소개하는 글쓰기가 부담스럽게 느껴진다면 그건 여러분이 자기를 표현하는 방법 에 아직 익숙하지 않아서 그럴 거예요. 하지만 자기를 소개하는 글쓰기를 시작으로 사소하 지만 짧은 글쓰기부터 자주 하면서 글쓰기와 친해지면 앞으로 어떤 글쓰기든 수월하게 쓸 수 있게 될 거예요.

그럼 자기소개서 쓰기의 첫 번째 단계로 간단히 자기를 표현하는 연습을 해 볼까요? 다 음은 책 읽기를 좋아하는 자신을 표현한 예시예요.

> 나는 걸어 다니는 백과사전이다.
> 왜냐하면 책을 많이 읽어서 아는 것이 많기 때문이다.

자기를 표현할 때 예시와 같이 자신의 특징을 드러낼 수 있는 사물을 골라 자기를 비유하고, 비유한 이유를 설명하며 살을 붙여 소개하면 어렵지 않게 나를 인상적으로 소개할 수 있어요.

저의 별명은 걸어 다니는 백과사전이에요. 왜냐하면 어려서부터 책을 많이 읽어서 아는 것이 많기 때문이에요. 그래서 친구들이 모르는 것을 물어보면 척척 대답해 줄 수 있어요. 그래서 친구들이 저를 걸어 다니는 백과사전이라고 불러요.

어때요? 이렇게 항목별로 소개할 내용을 생성하면 별로 어렵지 않게 자기를 소개할 수 있겠지요? 그럼 여러분도 간단하게 자기소개 연습을 한번 해 보세요.

쓰기 연습 ①

✎ 나의 특징을 잘 드러낼 수 있는 사물을 골라 비유하는 글을 써 보세요.

나는 .... 이다.

왜냐하면 .... 때문이다.

✎ 이번에는 비유한 이유에 살을 붙여 인상적으로 '나를 소개하는 글'을 써 보세요.

저 ○○○를 소개합니다.

저는

DAY 5

나만의 특별한 이야깃거리 찾고 정리하기

나를 소개하는 글쓰기는 나만의 특별한 이야기를 담고 있어야 해요. 그러려면 다음의 과정을 거쳐야 해요.

> 1. 자신의 과거와 현재를 돌아보고 나에 대한 소개거리 찾기
> 2. 자신에 대해 찬찬히 살펴보는 시간 갖기
> 3. 자신의 이야기가 장래 희망 직업이나 미래의 꿈과 어떻게 관련이 있는지 기록하기
> 4. 자신에 대해 드러내고 싶은 항목을 중심으로 하나하나 기록하기

이렇게 하면 자기만의 특별한 자기소개서를 쓸 수 있어요. 뿐만 아니라 자기를 소개하는 글을 쓰는 동안 저절로 자신에 대한 탐구를 하게 되어 자아존중감도 키울 수 있어요. 그러므로 자기를 소개하는 글은 나 자신에 대한 깊은 이해에서 출발해야 해요.

자기소개서는 형식은 보통 정해져 있지만 정해진 답안은 없어요. 사람마다 각기 경험이 다르고 생각과 감정, 느낌, 특기와 취미, 좋아하는 것과 싫어하는 것, 장점과 단점 등이 모두 다르기 때문이에요. 따라서 자신만의 독특한 점이나 개성, 특징 등을 담아 쓰면 돼요.

이제 다음 활동을 통해 자기소개서에 넣을 내용을 생성해 보세요.

쓰기 연습 ②

✎ 나를 소개하는 네 가지 항목을 찾아 나눈 후 [예시]처럼 내용을 적어 보세요.

예 나의 꿈, 성취하고 싶은 것, 인맥(친구), 특기, 취미, 도덕성, 외모(빛나는 눈, 미소…) 등

> ### 나의 꿈
>
> **예시** 나는 국제중학교에 진학하고 싶어서 영어책을 많이 읽으며 독해력과 회화 능력을 키우고 있다. 긴 지문도 척척 해석하고 회화 공부도 열심히 해서 꼭 국제중학교에 진학하여 꾸준히 실력을 쌓은 뒤 국제고와 대학 졸업 후 나의 꿈인 영어 동시통역사가 될 것이다.

나의 꿈

쓰기 연습 ③

✏️ 다음 항목들에 해당하는 내용을 생각해 보고 표를 완성해 보세요.

나			
긍정적인 면 (Plus)	*성격이 밝고 잘 웃는다. *다른 사람을 잘 배려한다. *숙제나 공부를 미리미리 한다. *어른들에게 인사를 잘한다. *음식을 가리지 않고 잘 먹는다. *잘 아프지 않고 건강하다. *친구들의 얘기를 잘 들어준다.	부정적인 면 (Minus)	*하기 싫은 일은 피하고 본다. *책 읽기를 싫어해 독서를 잘 안 한다. *시험공부를 미루다가 몰아서 한다. *정리정돈을 잘하지 않는다. *게임을 너무 많이 한다. *신발을 더럽게 신는다.
흥미로운 점 (Interest)	*다양한 분야에 호기심이 많아 하고 싶은 일이 많다. *어른들끼리 말할 때 관심이 많아 잘 엿듣는다. *올해 키가 5cm나 컸는데 내년에는 더 많이 클 것 같다.(얼마까지 클까?) *내가 하는 말을 들으면 친구들이 많이 웃는다. *마술을 좋아해서 시간이 날 때마다 유튜브를 보며 마술 연습을 한다.		

 이처럼 자신의 장점과 단점, 그리고 자신만의 개성을 드러내어 글을 쓰면 특별한 나를 효과적으로 소개할 수 있습니다.

자신의 정보에 생각, 느낌, 의견을 더하자!

자기소개는 자신이 살아오면서 경험한 것들을 바탕으로 자신의 정보를 제공하는 일이에요. 이때 단순히 정보만 나열하는 것이 아니라 해당 정보에 대한 자신의 생각이나 느낌, 의견을 덧붙여 주면 나만의 특별한 이야기가 담긴 자기소개의 말이나 글이 되는 거예요.

쓰기 연습 ③

✏️ 이제 여러분이 직접 다음 항목들에 해당하는 내용을 생각해 보고 표를 완성해 보세요.

나		
긍정적인 면 (Plus)		부정적인 면 (Minus)
흥미로운 점 (Interest)		

자기소개는 이처럼 자신이 살아오면서 경험한 것들을 바탕으로 자신에 대한 정보를 제공하는 일이에요. 그리고 자신에 대한 정보에 생각이나 느낌, 의견을 덧붙여 말하고 쓰면 자기소개의 말이나 글이 되는 거예요.

또 한 가지 명심할 점은 자기소개는 보통 짧은 시간 안에 끝내야 하기 때문에, 사소한 것을 말하기보다 자신의 경험이나 능력, 가치관 등 '나에 대해 꼭 알리고 싶은 내용'을 인상 깊게 소개해야 한다는 거예요. 그래서 소개할 내용이 정해졌다면 그 내용을 어떻게 인상 깊게 소개할지를 생각해 봐야 해요. 다음의 인상 깊게 소개하는 Tip을 찬찬히 읽어 보세요.

Tip

인상 깊게 소개하는 방법
- 소개할 내용을 잘 드러낼 수 있는 적절한 단어(어휘)를 선택한다.
- 직유, 은유, 의인, 비교, 대조, 상징 등 참신한 표현 방법을 활용한다.
- 사진, 그림 자료, 사물 등 보조 자료를 적절하게 활용한다.

인상 깊게 소개하는 방법을 바탕으로 소개 글을 쓰면 나만의 특별한 자기소개서를 쓸 수 있어요. 뿐만 아니라, 자기를 소개하는 글을 쓰는 동안 저절로 자신을 들여다보고 탐구를 하게 되어 자신에 대해 더 잘 알 수 있어요. 따라서 자기를 소개하는 글은 '나 자신에 대한 깊은 이해'에서 출발해야 한다는 것을 기억하세요.

쓰기 연습 ④

🖋 자신의 삶 중 특별했던 경험을 떠올려 보고, [예시]처럼 느낌과 함께 자유롭게 적어 보세요.

> 예시
>
> 초등학교 6학년 여름방학 때 독후감을 써서 제출했는데 금상을 받았다. 그전에는 글쓰기를 별로 좋아하지 않았는데 그 후로 책도 많이 읽게 되고 글쓰기에도 자신감이 생겨 각종 글쓰기 대회에 꾸준히 참여하고 있다.

도전! 자기소개서
실전 쓰기

앞에서 한 활동에서 작성한 내용들을 바탕으로 자기소개서 내용을 항목별로 간단하게 말하듯이 써 보세요.

나 ○○○을/를 소개합니다.

성장 과정, 가족 관계

- 서울에서 태어나고 자랐다.
-
-
-

특기와 취미

-
-
-

성격과 특징

-
-
-

꿈과 장래 희망

-
-
-

쓰기 연습 ⑤ – '나'를 소개하는 글쓰기 실전

✎ 이제까지 한 활동을 바탕으로 이제 '나'를 멋지게 소개하는 글을 써 보세요.

나 (   )을/를 소개합니다.

PART 2

수행평가 대비 글쓰기

중학교 수행평가 들여다보기

'수행평가'는 학생이 가지고 있는 지식, 기능, 태도 등의 능력을 직접 수행으로 나타내 보이는 방식의 평가예요. 즉, 여러분이 수업 시간에 배운 내용(지식)과 실습이나 실험을 통해 익힌 기능을 잘 습득하고 이해했는지 확인하기 위해 여러분이 만든 산출물이나 실제 수행 과정을 통해 학습 여부를 평가하는 것을 말해요. 학습의 결과뿐만 아니라 학습의 과정도 중요하게 평가해요. 그래서 '과정 중심 수행평가'라고 한답니다.

수행평가의
기본이 되는
글쓰기

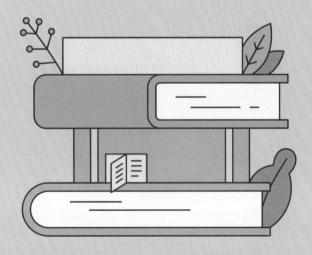

DAY 7

수행평가란 뭘까요?

　'수행평가'는 학생들이 가지고 있는 지식, 기능, 태도 등의 능력을 직접 수행으로 나타내 보이는 방식의 평가예요. 즉, 여러분이 수업 시간에 배운 내용(지식)과 실습이나 실험을 통해 익힌 기능을 잘 습득하고 이해했는지를 확인하기 위해 여러분이 만든 산출물이나 실제 수행 과정을 통해 학습 여부를 평가하는 것을 말해요.

　수행평가는 그동안 학기말이나 학년말에 몰아서 하던 지식과 암기 중심의 평가를 개선하고자 등장했어요. 그래서 여러분이 학습하는 수업 시간에 실시하고 있어요. 학습에 도움을 주기 위해 하는 평가이기 때문에 결과뿐만 아니라 학습의 과정도 중요하게 평가해요. 그래서 과정 중심 수행평가라고 해요.

| 수행 | 구체적인 상황 하에서 실제로 행동을 하는 과정(process)이나 그 결과(product) |

수행평가의 과정을 중시　　수행평가　　인지적 영역 + 정의적 영역

★ 수행평가의 특징

수행평가는 다음과 같은 6가지 특징이 있어요. 수행평가의 특징을 잘 알고 평가에 임하면 평가에서 훨씬 좋은 결과를 얻을 수 있으니 꼼꼼히 읽어 보고 꼭 기억해 두세요.

1. 여러분의 학습 성장 과정에 대해 지속적인 평가를 합니다.

수행평가는 간단한 영역에 대해 일회적으로 평가하기보다는 학생 개개인의 변화와 발달 과정을 종합적으로 평가하기 위하여 지속적으로 이루어지고 있어요.

2. 과정과 결과를 함께 평가합니다.

수행평가는 학습의 결과뿐만 아니라 과정도 중시하는 평가로, 여러분의 성장과 발달을 중시하고 있어요.

3. 의사소통·협업 등의 능력을 키우기 위한 평가입니다.

수행평가는 프로젝트 수행 활동, 모둠 토론이나 모둠 활동 등을 통하여 의사소통과 협업 등의 능력을 강화시키며 수행되는 평가입니다.

4. 실제 상황과 유사한 맥락에서의 평가입니다.

수행평가는 실제 발생할 수 있는 문제 상황과 유사한 형태로 만들어지도록 하기 때문에 선생님들께서는 과목별로 일상생활 속에서 여러분이 해결할 수 있는 문제들로 수행평가 도구를 만들어 실시하고 있어요.

5. 능동적 학습 활동을 유도하는 평가입니다.

수행평가는 문제의 정답을 선택하는 것이 아니라, 학생들이 스스로 답을 구하거나 문제를 해결하는 방안을 제시하거나 행동으로 나타내야 하기 때문에 능동적인 학습 활동을 유도해요. 즉, 학생 스스로 적극적으로 참여하고 수행해야 한다는 거예요.

6. 정의적 특성 평가를 통한 전인교육*을 추구하는 평가입니다.

수행평가는 학생의 지식뿐만 아니라 태도나 의지 등 정서적인 면도 종합적으로 평가합니다.

★ 수행평가의 유형과 글쓰기

수행평가 유형에는 논술, 구술, 토의·토론, 프로젝트, 실험·실습, 포트폴리오, 관찰평가, 학생 자기평가, 동료평가 등이 있어요. 이 중에는 우리 친구들에게 익숙한 유형도 있지만, 어떻게 평가가 진행되는지 궁금한 유형도 있을 거예요. 각각의 유형에 대해서는 앞으로 과목별 수행평가의 예를 소개할 때 자세히 알려 주도록 할게요.

모든 수행평가는 수업 시간에 수업의 한 과정으로 진행되니까 평가라고 해서 너무 겁먹지 마세요. 수업 시간에 열심히 공부하고 활동하면 누구나 좋은 결과를 얻을 수 있어요. 그럼 수행평가의 유형을 잘 살펴본 다음 수행평가의 기본이 되는 글쓰기에 대해 좀 더 자세히 알아보도록 해요.

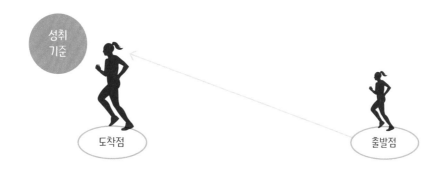

* 지덕체를 고르게 성장시켜 넓은 교양과 건전한 인격을 갖춘 인간을 육성하려는 교육.

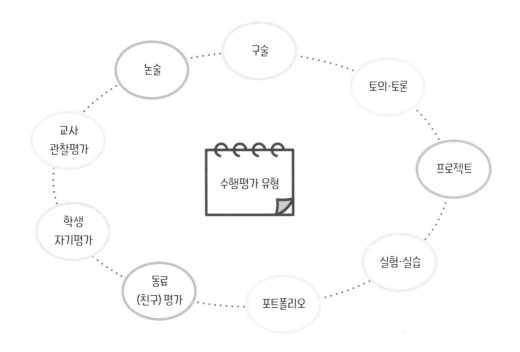

유형	정의	특징 및 방법
논술	• 한 편의 완성된 글로 답을 작성하는 방법 • 자신의 생각이나 주장을 논리적으로 작성해야 하므로 학생이 제시한 아이디어뿐만 아니라 조직이나 표현의 적절성 등을 함께 평가함	• 학생이 답을 선택하는 것이 아니라 학생의 생각이나 의견을 직접 기술하기 때문에 창의성, 문제해결력, 비판력, 통합력, 정보 수집 및 분석력 등의 고등 사고 능력을 평가하기에 적합함
구술	• 특정 내용이나 주제에 대해서 자신의 의견이나 생각을 발표하도록 하여 학생의 준비도, 이해력, 표현력, 판단력, 의사소통 능력 등을 직접 평가하기 위해 활용하는 방법	• 특정 주제에 대하여 학생들에게 발표 준비를 하도록 한 후, 발표에 대하여 평가함 • 또는 평가 범위만 미리 제시하고 구술 평가를 시행할 때 교사가 관련된 주제나 질문을 제시하고 학생이 답변하게 하여 평가함
토의·토론	• 특정 주제에 대해 학생들이 서로 토의하고 토론하는 것을 관찰하여 평가하는 방법	• 서로 다른 의견을 제시할 수 있는 주제에 대해서 개인별 혹은 소집단별로 토의·토론을 하도록 한 다음, 학생들이 사전에 준비한 자료의 다양성이나 적절성, 내용의 논리성, 상대방의 의견을 존중하는 태도, 진행 방법 등을 종합적으로 평가하는 방법

프로젝트	• 특정한 연구 과제나 산출물 개발 과제 등을 수행하도록 한 다음, 프로젝트의 전 과정과 결과물(연구보고서나 산출물)을 종합적으로 평가하는 방법	• 결과물과 함께 계획서 작성 단계에서부터 결과물 완성 단계에 이르는 전 과정도 함께 중시하여 평가함
실험·실습	• 학생들이 직접 실험·실습을 하고 그에 대한 과정이나 결과에 대한 보고서를 쓰게 하고, 제출된 보고서와 함께 교사가 관찰한 실험·실습 과정을 종합적으로 평가하는 방법	• 실험·실습을 위한 기자재의 조작 능력이나 태도, 지식을 적용하는 능력, 협력적 문제해결 능력 등에 대해서 포괄적이면서도 종합적으로 평가함
포트폴리오	• 학생이 산출한 작품을 체계적으로 누적하여 수집한 작품집 혹은 서류철을 이용한 평가 방법	• 학생의 강점이나 약점, 성실성, 잠재 가능성 등을 종합적으로 파악할 수 있고, 학생의 성장 과정을 한눈에 볼 수 있어서 학생에게 유용한 피드백을 제공할 수 있음 • 일회적인 평가가 아니라, 학생 개개인의 변화와 발전 과정을 종합적으로 평가하기 위해 전체적이면서도 지속적으로 평가하는 것을 강조함
학생 자기평가 ·동료평가	• 수행 과정이나 학습 과정에 대하여 학생이 스스로 평가하거나, 동료 학생들이 상대방을 서로 평가하는 방법	• 학생들이 자신의 학습 준비도, 학습 동기, 성실성, 만족도, 다른 학습자들과의 관계, 성취 수준 등에 대해 스스로 생각하고 반성할 수 있는 기회 제공 • 교사가 학생을 관찰하고 기록한 내용과 수시로 시행한 평가가 타당하였는지를 비교·분석해 볼 수 있는 기회 제공 • 학생 수가 많아서 담당 교사 혼자의 힘으로 모든 학생들을 제대로 평가하기 어렵다고 판단될 때, 동료평가 결과와 합하여 학생의 최종 성적으로 사용하여 평가의 공정성을 높일 수 있음
관찰평가	• 관찰을 통해 일련의 정보를 수집하는 측정 방법	• 어느 특정한 장면이나 상황에서 발생하는 행동 체계를 가능한 한 상세하고 정밀하게 탐구하기 위해 모든 신체적 기능과 측정도구를 이용할 필요가 있음 • 일화 기록법, 체크리스트, 평정 척도, 비디오 녹화 후 분석 등

출처: 〈과정을 중시하는 수행평가(2017, 교육부&교육과정평가원)〉

DAY 8

글쓰기와
수행평가와의 관계

글쓰기와 수행평가는 어떤 관련이 있을까요? 중학교에서 배우는 교과의 평가는 '지필평가(시험)'와 '수행평가'로 나뉘어져요. 그 중 수행평가는 글쓰기와 매우 밀접한 관련이 있어요. 앞에서 수행평가 유형으로 논술, 구술, 토의·토론, 프로젝트, 실험·실습, 포트폴리오, 관찰평가, 학생 자기평가, 동료평가가 있다고 했죠? 이 유형들은 모두 글쓰기로 이루어지고 있어요.

각 교과 선생님들께서는 여러분이 학습에서 목표로 하는 성취 기준에 도달했는지 여부를 단원의 학습 목표와 내용에 맞는 수행평가 유형을 선택해 실시하는데, 대부분 글쓰기 활동으로 진행되기 때문에 수행평가 점수를 잘 받으려면 글쓰기를 잘해야 해요.

★ 글쓰기만 잘해도 수행평가 문제없어요!

중학교 모든 과목의 수행평가는 예체능 과목의 일부 수행평가를 포함해 대부분 글쓰기를 통해 여러분이 알고 있는 바를 측정하고자 평가지가 만들어지고 있습니다. 그러니 초등학교 때 글쓰기 훈련을 충분히 해 놓는 것이 정말 중요합니다. 여러분이 글쓰기만 충실하게 잘 훈련해 놓으면 중학교에 가서 과목별 수행평가는 물론 공부도 아주 잘할 수 있어요. 그러니 이 말을 꼭 명심하고 이 책을 읽는 지금 이 순간부터 글쓰기를 좋아하고 친해지려고 노력하기 바랍니다.

벌써부터 '나는 글쓰기가 어렵다'고 한숨 쉬는 친구들이 있나요? 걱정하지 마세요. 선생님과 함께 중학교 수행평가를 과목별로 차근차근 살펴보고 이 책을 한 장 한 장 넘기면서 내용을 잘 읽고 활동도 잘 따라서 해 보세요. 그럼 아마 마지막 장을 넘길 때쯤이면 여러분 누구나 '중학교 수행평가, 문제없겠어!' 하는 뿌듯한 자신감을 가지게 될 거예요.

★ 글쓰기로 진행되는 과목별 수행평가 예시

다음 표는 현재 중학교에서 치러지고 있는 과목별 수행평가 내용을 한 가지씩 소개해 놓은 것입니다. 수행평가 제목과 평가 내용을 보면 한눈에 수행평가가 모두 글쓰기로 이루어진다는 것을 알 수 있어요. 글쓰기와 관련된 평가만 소개한 것 아니냐고요? 아뇨, 절대로 그렇지 않아요. 앞으로 과목별로 소개하는 수행평가 〈예시〉에서도 알 수 있겠지만, 여러분이 중학교에 가서 과목별 수행평가를 직접 해 보면 왜 그렇게 글쓰기를 강조하는지 충분히 알 수 있을 거예요.

과목	수행평가 제목	평가 내용
국어	주장하는 글쓰기	• 글의 개요표 작성하기 • 개요표에 맞게 수장하는 글쓰기
도덕	도덕 성찰 보고서 작성하기	• 덕목 실천 계획서 작성하기 • 도덕 성찰 보고서 쓰기
사회	모의 대통령 선거	• 선거 원칙에 대해 서술 및 논술하기 • 소감문 쓰기
역사	중세 미술 작품 큐레이터가 되어 소개하기	• 중세 시대 미술 작품 감상 후 글쓰기 • 중세 시대 미술 작품에 댓글 쓰기
영어	학교 동아리 축제 참가 소감문 쓰기	• 소감문 쓰기 • 동아리 축제 만화컷 그리고 설명하기
수학	일차방정식 활용 신문기사 작성 및 활용 문제 해결	• 일차방정식 활용 신문기사 만들기 • 활용 문제 해결하기
과학	빛의 성질과 원리를 이해하라!	• 보고서 작성하기 • 사진 설명 글쓰기

미술	우리 학교 안내 리플릿 제작하기	• 우리 학교 소개 비주얼씽킹 만들기 • 리플릿 내용 글쓰기
음악	K-Pop의 세계적 위상을 알려라!	• 음악의 특징 설명하기 • K-Pop의 세계적 위상 홍보 글쓰기
기술·가정	내 맘에 쏙~ 타운하우스 디자인하기	• 타운하우스 입주 희망자 모집 안내문 작성하기 • 타운하우스 디자인 내용 글쓰기

수행평가 글쓰기 ① - 국어

✎ 어느 날 갑자기, 다음 물건 중 하나가 사라진다면 우리의 삶은 어떻게 달라질지 상상해 보고 날짜별로 일기를 써 보세요.

♣ 갑자기! 휴 대 폰 이 사라졌다!

휴 대 폰 이 사라진 지 이틀째 되는 날

오늘 아침에도 학교에 지각했다. 알람으로 나를 깨워 주고 시간을 알려 주는 휴대폰이 없으니 시간이 어떻게 가는지 모르겠다. 학교에선 교과서를 보고 있어도 책이 휴대폰 화면처럼 보여 혼란스러웠다. 책을 넘길 때도 휴대폰 화면을 넘기듯이 넘기고 있으니 한숨만 나온다. 아무것도 하지 않는 시간에는 늘 휴대폰을 붙들고 친구들과 대화를 하거나 게임을 하거나 인터넷을 검색하였는데 휴대폰이 없으니 무엇을 해야 할지 막막하기만 하다. 불안하다. 짜증이 올라온다. 나의 휴대폰을 돌려 줘!

휴 대 폰 이 사라진 지 한 달째 되는 날

아침엔 휴대폰의 알람이 없어도 더 이상 학교에 지각하지 않는다. 하지만 여전히 책이나 책상이 휴대폰 화면처럼 느껴져 헛손질을 하곤 한다. 오늘은 휴대폰이 없어 난감한 상황이 생기기도 했다. 오랜만에 남자 친구를 만난다는 설렘에 이 옷, 저 옷을 골라 입다 약속 시간을 20분 넘겨 버렸다. 지하철 안에서 시간을 확인하고 놀라 남자 친구에게 연락을 하려고 했지만 연락할 방법이 없었다. 발을 동동 구르다 약속 장소에 달려갔지만 남자 친구의 모습이 보이지 않았다. 내가 늦었다고 먼저 가 버린 걸까 싶어 이곳저곳을 찾아다니다가 오랜 시간이 지난 뒤에 남자 친구를 다시 만났다. 그런데 남자 친구는 내가 오지 않아서 나를 찾으러 갔던 것이었다. 우리는 휴대폰이 없어 서로 엇갈려야만 했던 것이다.

휴 대 폰 이 사라진 지 일 년째 되는 날

오늘은 신문을 보다가 '휴대폰'이란 단어를 보았다. 아! 휴대폰이란 기계가 있었구나. 일 년 전까지만 해도 없으면 큰일 날 것 같았던 휴대폰이 이제는 잊힌 기계가 되었다는 것이 신기하다. 이제는 휴대폰이 없어도 여가 시간을 잘 보낼 수 있다. 친구와 카페에 가서 즐겁게 대화를 나누기도 하고 도서관에서 빌려 온 소설책을 읽으며 시간을 보내기도 한다. 휴대폰이 있었을 때는 학교에 있는 시간 외에는 휴대폰만 만졌는데, 지금은 오히려 더 다양하고 재미있게 시간을 보내는 것 같다. 가끔 친구들이나 부모님께 급하게 연락해야 하는 순간이 오면 휴대폰이 그리워지기도 하지만 휴대폰 없이 사는 것도 나쁘지 않다는 생각이 든다.

✎ 어느 날 갑자기, 다음 물건 중 휴대폰을 제외하고 하나가 사라진다면 우리의 삶은 어떻게 달라질지 상상해 보고 날짜별로 일기를 써 보세요.

♣ 갑자기! ◯◯◯이(가) 사라졌다! (동그라미 안에 사물 이름 쓸 것)

◯◯◯이 사라진 지 **이틀**째 되는 날
◯◯◯이 사라진 지 **한 달**째 되는 날
◯◯◯이 사라진 지 **일 년**째 되는 날

수행평가 글쓰기 ② - 도덕

✎ 다음은 '도시철도 에티켓' 홍보를 위한 그림 자료입니다. 다음 내용을 참고하여 자료의 빈칸에 그림이 홍보하고자 하는 내용을 채워 보세요. (예시 답변은 p. 211)

무리하게 승차하지 않고 다음 열차를 이용합니다.

임산부를 위해 자리를 양보합니다.

✎ 다음은 '대중교통을 바르게 이용하자'라는 주제로 쓴 글에 삽입된 그림 자료입니다. 그림이 말하고자 하는 의미를 구체적으로 써 보세요.

DAY 9

글씨 깨끗하게
쓰기 훈련

　글을 쓸 때 글의 내용을 어떻게 선정하고 구성하느냐는 물론 매우 중요해요. 그런데 그에 앞서 여러분이 쓴 글의 첫인상을 좌우하는 아주 중요한 요소가 있어요. 바로 글씨예요. 여러분이 쓰는 글의 내용이 아무리 좋아도 글씨가 지저분하면 별로 읽고 싶지 않은 글이 되어 버려요. 반대로 예쁜 글씨로 깔끔하게 쓴 글은 집중이 잘 되고 읽어 보고 싶은 마음이 들게 하죠.

　수행평가는 중학교 3년, 고등학교 3년, 총 6년 동안 매년 2학기씩 총 12개 학기 동안 이루어지는데, 글씨를 예쁘고 깨끗하게 쓰는 습관을 미리미리 들여 놓으면 수행평가에서 좋은 점수를 받는 데 많은 도움이 될 거예요.

다음은 중학생들이 실제로 작성한 '독서감상활동 수행평가지'예요. [1]과 [2]의 글씨를 비교해 보세요. 둘 중 어느 쪽의 글쓰기 답안이 더 보기 좋은가요? 여러분이 선생님이라면 [1]과 [2] 중 어떤 답안에 좋은 점수를 주겠어요?

[1]

2. 쟁점 임금님의 입장에서 홍길동의 상소문에 대한 답장의 글을 써 봅시다.

☞ 홍길동은 보아라. 너의 뛰어난 재능과 성격을 보니 참으로 안타깝다고 생각한다. 너의 신분과 너와 같은 처지에 백성들은 내가 책임지고 도와준다고 약속하마. 짐도 지금의 사회제도를 좋게 보기 않으며 바꿀수 있으면 당장이라도 바꾸고싶다만.. 사회제도를 급하게 바꾸면 나라가 혼란에 빠질수 있으며 짐 혼자만으로는 해결할수가 없느니라. 그 사회제도에 관한것은 내가 긴히 해결해 보겠네. 그리고 탐관오리들은 나도 잘 알고 있다. 나도 암행어사들을 보내 열심히 탐관오리들을 벌하고 있다. 탐관오리가 없어질때까지 열심히 해볼터이니 조금만 기다리면 곧 해결될걸세.   홍길동에게!

[2]

2. 쟁점 임금님의 입장에서 홍길동의 상소문에 대한 답장의 글을 써 봅시다.

☞ 홍길동은 보아라. 너의 처지를 알겠으나, 너가 요구하는 모든것은 들어주기가 힘들구나. 그냥 아버지, 어머니 밑에서 잘 먹고 잘 살면 되는데 뭐가 문제인것이냐. 나도 가난한 백성들을 도와줄 마음이 있으나, 지금은 조금 힘든 것같구나. 다른 백성들은 억울해도 조용히 잘 먹고 잘 사는데 너는 왜 그런 것이냐. 아버지께 호부호형도 허락 받았으면서 도대체 왜 그런 것이냐? 가난한 백성들에게 베풀고, 보듬어주는 것은 아주 훌륭한 일이다만, 아직 너의 상소문을 들어줄 마음이 없구나. 너도 다른백성들을 본받아서 아버지, 어머니 아래에서 조용히 잘 먹고, 잘 자고, 잘 살거라. 이것이 나의 부탁이다. 너가 나중에 크면 많은, 가난한 백성들을 도와주거라. 다음에 또 상소문을 올릴 일이 있으면 나를 더욱더 설득할 수 있게 쓰거라. 너가 요구하는것을 해주지 못해줘서 많이 미안하구나.

중학교에서는 예체능을 제외한 모든 교과의 수행평가 점수는 A, B, C, D, E의 다섯 단계로 나누어서 부여해요. 그런데 수행평가 채점 기준을 살펴보면 '깨끗하고 바른 글씨로 작성하라'는 내용이 대부분 포함되어 있어, 글씨가 지저분하거나 답안을 깨끗하게 쓰지 않을 경우 감점이 된답니다. 그래서 선생님은 수업 시간에 글씨를 깨끗하게 쓰도록 지도하는 데 많은 시간과 노력을 기울이고 있어요.

자, 글쓰기 실력도 늘리면서 예쁜 글씨로 깨끗하게 글을 쓰는 연습을 한번 해 볼까요?

예쁜 글씨로 글쓰기 ①

✎ 〈예시〉처럼 질문에 답하며 깨끗하고 예쁜 글씨로 문장 쓰기에 도전해 보세요.

> 봄, 여름, 가을, 겨울 중 가장 좋아하는 계절은 언제인가요?
>
> 예시   내가 가장 좋아하는 계절은 여름이다.
>
>   왜냐하면 여름엔 시원한 바다에서 물놀이를 마음껏 할 수 있기 때문이다.

❶ 지금까지 살면서 가장 행복했던 순간은 언제였나요?

❷ 일주일 뒤 지구가 멸망한다면 여러분은 일주일 동안 무엇을 하고 싶나요?

❸ '엄마 제비가 아기 제비들에게 먹이를 물어다 줍니다.'를 예쁜 글씨로 따라 쓰세요.

❹ '내가 가장 좋아하는 음식은 김밥과 순대와 떡볶이다.'를 예쁜 글씨로 따라 쓰세요.

예쁜 글씨로 제목과 글쓰기 ②

✎ 예쁜 글씨로 머릿속에 떠오르는 나라 이름을 써 보세요.

✎ 내가 가장 좋아하는 노래의 제목과 가사를 써 보세요. 가사는 인터넷에서 찾아서 보고 써도 됩니다. 누군가에게 예쁘게 쓴 손글씨 노래 가사를 선물한다는 마음으로 정성껏 써 보세요.

노래 제목

DAY 10

내용 정리해서 쓰기 훈련

수행평가 유형 중에는 내용을 정리해서 쓰는 것이 많아요. 그래서 이번에는 내용을 정리해서 쓰는 연습을 해 볼 거예요. 글을 쓸 때는 불필요한 내용은 빼고 꼭 필요한 내용만 골라 써야 하기 때문에 내용을 정리해서 쓰는 훈련은 매우 중요해요. 내용을 정리해서 쓰는 연습을 꾸준히 해 두면 나중에 논술문을 쓸 때도 큰 도움이 될 거예요.

그럼 내용 정리해서 쓰기는 어떻게 할까요? 내용을 정리할 때는 무엇보다 불필요한 내용은 빼고 꼭 필요한 내용을 골라내는 것이 중요합니다. 여러분은 이미 초등학교에서 마인드맵이나 비주얼씽킹 활동을 통해 여러분의 머릿속에 떠오르는 생각을 펼치는 활동들을 많이 해 봤을 거예요. 마인드맵이나 비주얼씽킹 활동은 여러분의 생각을 끄집어내고, 그 생각을 바탕으로 내용을 정리하는 데 아주 좋은 활동이라 중학교에서도 수업 시간에 많이 활용하고 있어요. 그러니 미리미리 연습해 두면 글쓰기에 아주 큰 도움이 될 거예요.

✎ '손'을 보고 떠오르는 단어나 생각을 쓴 후, 단어와 생각을 활용해 짧은 글을 써 보세요.

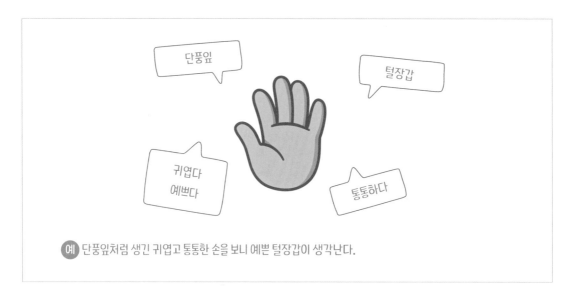

예 단풍잎처럼 생긴 귀엽고 통통한 손을 보니 예쁜 털장갑이 생각난다.

어떤가요? 작은 생각과 단어들이 모이니 문장이 완성되는 게 보이죠? 선생님이 어떻게 단어들을 조합하여 문장을 만들었는지 눈여겨보면 '아하! 이렇게 하면 되겠구나!' 하는 생각이 들 거예요. 그럼 이번에는 여러분이 한번 직접 작성해 보세요.

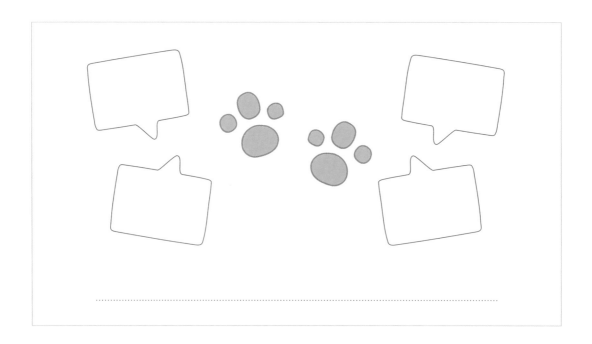

다음 장의 〈내용 정리해서 쓰기 연습 ①, ②〉는 중학교 사회와 국어 시간에 배우는 것과 관련된 내용이에요. 선생님이 내용을 정리해서 글을 쓰는 수행평가 문제를 만들어 보았으니 여러분도 한번 작성해 보면서 중학교 수행평가를 미리 만나 보세요.

내용 정리해서 쓰기 연습 ① - 사회

✏ 우리나라를 이끌어 갈 대통령의 조건에 무엇이 있는지 써 보세요.

♧ 대통령이 될 사람의 조건을 찾아라 ♧

1 정직한 사람

2 똑똑한 사람

대통령

3 리더십이 있는 사람

4 국민을 사랑하는 사람

✏ 위 내용을 바탕으로 대통령 후보를 면담할 질문을 만들어 보세요.

1 후보님께서는 지금까지 정직하게 살아오셨다고 생각하시나요?

2 우리나라를 잘살게 하기 위해 어떤 노력을 하실 계획이신지 지혜로운 답변 부탁드립니다.

3 후보님께서는 어떻게 리더십을 발휘하며 정치를 하실 건가요?

4 대통령으로서 국민을 사랑하는 방법에는 어떤 것이 있을까요?

내용 정리해서 쓰기 연습 ① – 사회

✏ 이번에는 우리 반을 잘 이끌어 갈 회장의 조건에 무엇이 있는지 써 보세요.

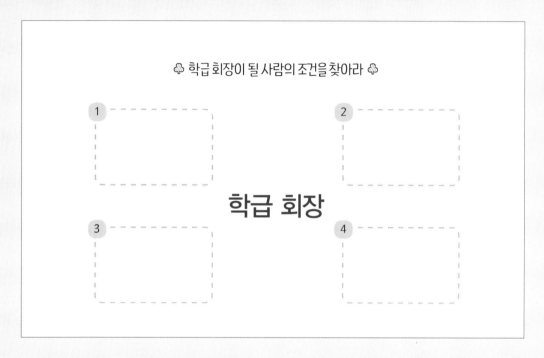

♧ 학급 회장이 될 사람의 조건을 찾아라 ♧

1

2

학급 회장

3

4

✏ 위 내용을 바탕으로 학급 회장 후보를 면담할 질문을 만들어 보세요.

1

2

3

4

✎ 인물이나 사물을 관찰하여 특징을 정리한 후 '묘사하기' 순서에 따라 대상을 소개해 보세요.

순서	묘사하기 순서	묘사 대상 소개 내용
1	대상 정하기	뽀로로
2	묘사 순서 정하기(전체 → 부분)	얼굴 → 모자 → 안경 → 눈 → 부리 → 팔 → 배 → 발
3	크기, 색깔, 모양 등을 관찰하여 쓰기	둥근 얼굴, 노란색 모자, 주황색 안경, 콩 모양 눈, 노란색 큰 부리, 파란색 팔, 흰 배, 하트 모양 발
4	인상 깊은 부분 강조하기	하트 모양의 발을 앞으로 뻗고 있다.

정리한 것을 바탕으로 묘사하는 글쓰기, 이렇게 해 보아요!

1) 전체적인 모양을 설명한 다음 세부적인 모습을 설명한다.
2) 설명할 순서를 정하고 순서대로 써 나간다.
3) 대상에 대해서 전혀 모르는 상대방을 배려하여 그림을 그리듯이 상세하게 설명한다.
4) 대상의 이름을 말하지 않고도 글을 읽는 사람이 대상을 짐작할 수 있도록 글을 쓴다.

✎ 위의 묘사 대상 소개 내용과 '야옹이'를 묘사한 글을 참고하여 피노키오의 특징을 정리하고 그것을 묘사한 글을 써 보세요. (예시 답변은 p. 211)

사물(or 사람)	사물의 모습(모양) 묘사하기	사물의 특징
	야옹이의 몸은 연한 갈색과 흰색이 조화를 이룬 보드라운 털로 덮여 있다. 두 귀는 쫑긋 서 있고, 눈은 무엇인가를 바라보고 있다. 흰색 털로 덮인 배를 보이며 앞발과 뒷발을 세우고 귀엽게 벌러덩 누워 있다.	• 사람과 매우 친밀한 관계를 유지함 • '가르릉' 거리며 걸음 • 어둠 속에서 눈이 빛남

DAY 11

과제 내용 파악하고
선생님 요구대로 쓰기 훈련

수행평가 과제를 내 주면 학생들이 선생님한테 가장 많이 하는 질문이 뭘까요? 바로 "어떻게 해요?"라는 질문이에요. 그런데 이 질문의 답은 사실 멀리 있지 않아요. 바로 과제 안에 있어요. 문제를 찬찬히 잘 읽고, 어떻게 하라고 하는지 적혀 있는 대로 따라서 하면 돼요. 다만 요즘 친구들은 글을 읽고 해석하는 데 어려움을 많이 겪는 것 같아요. 그 이유는 독해력과 문해력이 부족하기 때문이에요.

'독해력'과 '문해력'은 둘 다 글을 읽고 이해하는 능력을 가리키는 말인데, 독해력이 단순하게 글을 읽고 해석하고 이해하는 능력이라고 하면, 문해력은 글을 읽으면서 자신이 가지고 있는 사회적·문화적·역사적 지식을 토대로 깊게 이해하고 자기만의 독특한 해석을 할 수 있는 능력이라고 할 수 있어요. 공부를 할 때 책이나 문장을 읽고 이해하는 독해력은 필수적으로 갖춰야 할 능력으로, 독해력이 부족하면 공부는 물론 평가 문제를 제대로 해결할 수가 없어요. 또, 논술이나 영어 지문을 읽고 해석하는 데 문해력은 꼭 필요한 능력이에요.

그럼 독해력과 문해력은 어떻게 키울 수 있을까요? 어렵지 않아요. 학교에서 하는 다양한 수행 과제들을 해결하면서 차근차근 키울 수 있어요. 중요한 것은 수행평가를 잘 해내려면, 선생님이 내 주시는 '수행 과제의 내용을 제대로 파악'하고 '선생님의 요구대로' 해결해야 한다는 원칙을 아는 거예요. 그래서 이번에는 과제 내용을 파악하고 선생님의 요구대로 문제를 해결하는 연습을 해 볼 거예요. 자, 그럼 시작해 볼까요?

과제 내용 파악하고 선생님 요구대로 쓰기 훈련 ①

✎ **중학생이 되면 어떻게 생활하고 싶은지 항목별로 계획을 써 보세요.**

❶ 공부	수업 시간에 집중해서 열심히 공부하겠다.
❷ 독서	매일 10쪽씩 책을 읽도록 노력하겠다.
❸ 운동	점심시간에 친구들과 축구를 하겠다.
❹ 친구 관계	왕따 시키지 않고 친하게 지내겠다.

✎ **다음 시를 읽어 보고, 〈조건〉에 맞게 중학 생활을 계획하는 모방시를 써 보세요.**

> 조건   • 위 항목별로 계획한 내용이 잘 드러나도록 쓸 것   • 비유적인 표현을 사용할 것

서 시

윤 동 주

죽는 날까지 하늘을 우러러
한 점 부끄럼이 없기를,
잎새에 이는 바람에도
나는 괴로워했다.
별을 노래하는 마음으로
모든 죽어가는 것을 사랑해야지.
그리고 나한테 주어진 길을
걸어가야겠다.

오늘 밤에도 별이 바람에 스치운다.

중학생이 되면

○○○

졸업할 때까지 수업 시간에 장난치거나 자지 않고 집중해서 열심히 공부하기로 나는 계획했다.

매일 10쪽씩 책을 읽으려 노력하고, 점심시간과 방과 후에는 친구들과 축구를 하고 싶다.

그리고 친구를 왕따 시키지 않고 모두와 사이좋게 지내야겠다.

오늘 밤에도 중학생이 된 나의 모습을 상상하며 잠이 든다.

과제 내용 파악하고 선생님 요구대로 쓰기 훈련 ①

✎ 중학생이 되면 어떻게 생활하고 싶은지 항목별로 계획을 써 보세요.

❶ 공부	
❷ 독서	
❸ 운동	
❹ 친구 관계	

✎ 다음 시를 읽어 보고, 〈조건〉에 맞게 중학 생활을 계획하는 모방시를 써 보세요.

조건   • 위 항목별로 계획한 내용이 잘 드러나도록 쓸 것   • 비유적인 표현을 사용할 것

서 시
윤 동 주

죽는 날까지 하늘을 우러러
한 점 부끄럼이 없기를,
잎새에 이는 바람에도
나는 괴로워했다.
별을 노래하는 마음으로
모든 죽어가는 것을 사랑해야지.
그리고 나한테 주어진 길을
걸어가야겠다.

오늘 밤에도 별이 바람에 스치운다.

→

○○○

졸업할 때까지

나는 계획했다.

그리고

오늘 밤에도

과제 내용 파악하고 선생님 요구대로 쓰기 훈련 ②

✏️ 〈예시〉처럼 조건을 활용해 사진 속 대화 상황을 상상하여 말풍선 내용을 작성하세요.

> 조건   각각의 대화 내용에 '괜찮아'라는 단어를 1회 이상 삽입할 것

예시

늦어서
미안해!

괜찮아!
차가 많이 막혔지?

❶ 두 남자가 나누는 대화 내용을 추측하여 말풍선을 채워 보세요.

❷ 여자아이와 강아지의 마음속을 상상하여 말풍선을 채워 보세요.

DAY 12

주어진 분량에 맞게 채워 쓰기 훈련

    수행평가와 뒤에서 다루게 될 서술형 평가의 경우는 분량에 맞게 쓰는 유형의 문제가 많아요. 특히, 논술이나 독서감상문 쓰기, 보고서 쓰기 등에는 대부분 문장 쓰기, 문단 쓰기, 정해진 글자 수에 맞게 쓰기 등 주어진 분량에 맞게 쓰라는 〈조건〉이 주어져요. 수행평가에서 분량에 대한 조건이 제시되면 이 조건에 맞춰 답을 쓰는 것이 중요하니 평소에 연습을 미리 해 두세요.

    한 문장이나 두 문장으로 쓰라는 경우는 문장 뒤에 .(온점)을 찍어서 써 주면 되고, 문단으로 쓰라는 경우는 문단 들여쓰기를 해서 쓰면 돼요. 학생들이 힘들어하는 것은 글자 수에 맞게 답을 쓰는 경우인데, 무엇보다 '이내'와 '내외'의 개념을 잘 알아야 해요. '내외'로 쓰라는 경우, 터무니없이 모자라거나 넘치게 쓰면 안 되고 보통 앞뒤로 10글자까지 내외로 쓰면 돼요.

    ◦ 150자 내외로 쓰시오. ▷ 140~160자   ◦ 200자 내외로 쓰시오. ▷ 190~210자

    반면 '이내'로 쓰라는 경우는 글자 수가 1글자라도 넘을 경우 감점이 되기 때문에 반드시 주어진 글자 수 이내로 써야 해요. '이내' 역시 터무니없이 모자라게 쓰면 안 되고, 보통 10글자까지 이내로 쓰면 돼요.

    ◦ 300자 이내로 쓰시오. ▷ 290~300자   ◦ 400자 이내로 쓰시오. ▷ 390~400자

✎ 올림픽 결승 진출을 앞두고 상대팀에게 패배한 우리나라 올림픽 대표팀 선수들에게 두 문장으로 된 위로와 격려의 말을 전해 보세요.(※문장 구분을 위해 문장 끝에는 반드시 마침표(.)를 찍을 것)

이번 올림픽 결승에 진출하지 못해 아쉬워요. 하지만

열심히 뛰며 최선을 다했으니 올림픽 대표팀 선수들이

너무 속상해하지 않았으면 좋겠어요.

✎ 눈을 감고 사진처럼 내 손에 거미가 올려져 있다고 상상해 본 후, 거미에 대한 생각이나 느낌을 80자 내외로 써 보세요.

원래는 거미를 징그러워하고 싫어했다. 이 거미는 독도 없고 안전

하다고 해서 조심스럽게 손에 올렸는데 거미를 덮고 있는 털이 부드

럽다. 다리가 움직일 때는 정말 많이 긴장됐는데 느낌도 별로 나쁘

지 않았다.

✎ 같은 반 친구를 괴롭히고 따돌리는 친구에게 충고의 말 3가지를 써 보세요.

▷ 그렇게 친구를 괴롭히면 너도 괴롭힘을 당할 수 있어.

▷ 친구들이 너를 괴롭히고 따돌리면 너는 어떨 거 같은지 한번 생각해 봐.

▷ 친구를 따돌리고 괴롭히는 행동은 정말 나쁜 거니까 그만 둬.

주어진 분량에 맞게 채워 쓰기 훈련 ①

✎ 피아노 콩쿠르에 나가려고 준비 중에 손가락 부상을 당한 친구에게 두 문장으로 된 위로와 격려의 말을 전해 보세요.(※문장 구분을 위해 문장 끝에는 반드시 마침표(.)를 찍을 것)

✎ 눈을 감고 사진처럼 내 손에 생쥐가 올려져 있다고 상상해 본 후, 생쥐에 대한 생각이나 느낌을 80자 내외로 써 보세요.

✎ 시험을 앞두고 마냥 놀기만 하는 친구에게 충고의 말 3가지를 써 보세요.

▷

▷

▷

주어진 분량에 맞게 채워 쓰기 훈련 ②

✎ 다음 글을 읽고 주어진 조건에 맞게 〈예시〉처럼 두 줄 생각쓰기를 해 보세요.

창의적 사고기법 "두 줄 생각"

'두 줄 생각'은 일상에서 겪는 여러 가지 문제들을 두 줄로 표현해 보는 것으로, 첫 번째 문장에는 생각을 쓰고, 두 번째 문장에는 그렇게 생각한 까닭을 적는다.

예시 학교에서 공부하는 과목 중에 '게임'이란 과목이 있으면 좋겠다.

공부는 재미없는데 게임은 아무리 해도 재미있고 지루하지 않기 때문이다.

→

✎ 지금까지 읽은 책 중에서 가장 기억에 남는 내용을 〈예시〉처럼 이유와 함께 쓰세요.

예시 '아낌없이 주는 나무'라는 책에서 소년에게 아낌없이 자신을 다 내주는 나무의 마음이 가장 기억에

남는다. 나무의 희생적인 마음이 아름답게 느껴졌기 때문이다.

→

✎ 길을 가다가 다쳐서 울고 있는 고양이를 보았습니다. 어떻게 해야 할까요? 마음속에 떠오르는 생각을 20자 내외로 쓰세요.(띄어쓰기 제외)

예시 우선 고양이의 상태를 먼저 살펴본 뒤 안전한 곳에 옮겨 놓는다.

→

중학교 수행평가 기준은 어떻게 될까?

중학교 수행평가 기준은 2015 교육과정에서 정한 교과 교육과정이 지향해야 할 방향과 학생이 달성해야 할 학습의 도달점을 기준으로 정해진 거예요. 이를 기반으로, 학생들이 각 교과를 통해 배워야 할 내용과 수업 후 할 수 있거나 할 수 있기를 기대하는 능력을 결합하여 나타낸 것이 성취 기준이에요. 그리고 이 **성취 기준을 바탕으로 평가 기준**이 만들어져요.

다음 표는 중학교 **국어 교과**의 **쓰기 영역**의 성취 기준 중 하나예요. 왼쪽의 성취 기준과 오른쪽의 평가 기준을 보면 이해하기가 쉬울 거예요.

교육과정 성취 기준	평가 기준	
대상의 특성에 맞는 설명 방법을 사용하여 글을 쓴다.	상	설명하고자 하는 사물, 인물, 개념, 사건 등의 특성에 적합한 설명 방법을 사용하여 설명 대상이 효과적으로 드러나도록 글을 쓸 수 있다.
	중	설명하고자 하는 사물, 인물, 개념, 사건 등의 특성에 적합한 설명 방법을 사용하여 글을 쓸 수 있다.
	하	설명하고자 하는 사물, 인물, 개념, 사건 등의 특성에 부분적으로 적합한 설명 방법을 사용하여 글을 쓸 수 있다.

좀 더 자세히 설명하면, **대상의 특성에 맞는 설명 방법을 사용하여 글을 쓸 수 있다**는 성취 기준에 도달시키기 위해 선생님들은 설명 방법에 대한 수업을 하고 평가 문제(지필평가, 수행평가)를 만들어요.

상, 중, 하는 여러분의 성취 결과를 구분해 놓은 것으로, 여러분이 수업과 평가를 수행한 수준이 **뛰어나면 상, 보통이면 중, 다소 부족하면 하**를 부여해요. 다른 교과들도 각 교과의 성취 기준에 의해 정해진 평가 기준에 따라 평가를 한답니다.

자세한 내용은 〈2장 과목별 수행평가 실전 글쓰기 훈련〉의 '과목별 글쓰기 실전'을 통해 다룰 거예요. 과목별 성취 기준과 평가 기준도 살펴보고, 미리미리 수행평가 대비 글쓰기 및 문제를 해결해 보면 중학교 수행평가에 자신감이 생길 거예요.

자, 그럼 수행평가 실전 글쓰기 훈련으로 들어가 볼까요?

2장

과목별 수행평가
실전 글쓰기 훈련

국어 수행평가
실전 글쓰기

국어 수행평가에서는 국어 교과의 수업 목표와 국어 교과 역량, 이 두 가지를 기억해 두 어야 해요. 이 두 가지를 실현하기 위해 국어 수업을 하고 평가를 통해 점검을 하는 거랍니 다. 물론 다른 교과들도 수업 목표와 교과 역량을 잘 알아 두어야 해요.

국어 교과의 수업 목표는 국어 활동(듣기, 말하기, 읽기, 쓰기), 국어(문법), 문학의 6개 영역에 대한 기본적인 지식을 갖추고 비판적이고 창의적인 국어 능력을 기르며, 국어 생활 을 능동적으로 수행하는 태도를 기르는 데 중점을 두고 있어요.

국어 교과에서 여러분이 길러야 할 역량은 6가지로 다음과 같아요.

★ 국어 교과 역량

역량	의미
자기성찰·계발능력	다양한 언어 활동을 통해 자신의 삶을 성찰하고 자아를 계발하여 적극적으로 진로를 모색하는 능력
비판적·창의적 사고력	텍스트를 비판적으로 평가하고 주체적으로 해석하여 새로운 의미를 부여하거나 새로운 텍스트를 창안하는 능력
정보활용능력	다양한 정보와 자료를 수집 분석하여 그 속에 내재된 의미를 파악하고 이를 효과적으로 처리하여 활용하는 능력
의사소통능력	음성 언어 및 문자 언어를 포함한 다양한 기호와 매체를 활용하여 생각과 감성 등을 효과적으로 표현하고 이해하며 자신, 타인, 세계와 소통하는 능력

대인관계능력	다양한 사람들의 개성을 존중하고 배려하며 원만한 관계를 형성하고 협력적으로 상호작용하여 갈등을 조정하는 능력
문화향유능력	언어로 향유되고 있는 문화를 이해하고 그 가치와 의미를 내면화하여 문화 발전에 기여하는 능력

국어 선생님들은 이 6가지 역량을 키우기 위해 수업을 계획하고, 여러분에게 다양한 활동을 하도록 한 뒤 지필평가와 수행평가를 통해 확인합니다. 그리고 그 결과를 학생생활기록부 교과세부능력상황란에 1학기와 2학기에 나누어 어떤 역량을 어떻게 키웠는지를 기록하여 여러분의 성장과 발달 상황을 확인하고 있어요.

또한, 위의 역량을 키울 수 있게 다음의 4가지 내용을 반영한 수행평가 활동을 만들어 평가를 한답니다.

① 국어활동에 대한 지식을 바탕으로 글의 내용을 정확하고 비판적으로 이해하기
② 자신의 생각과 정서를 효과적이고 창의적으로 표현하기
③ 국어 현상을 탐구하여 국어를 깊이 있게 이해하기
④ 문학 작품을 수용하거나 생산하면서 인간의 다양한 삶을 총체적으로 이해하는 능력을 기르고 심미적 정서 함양하기

★ 비중이 점점 더 커지는 수행평가

국어 교과의 수행평가 비율은 점점 더 높아지고 있고, 대부분의 학교에서는 지필평가 40%, 수행평가 60% 비율로 실시하고 있어요. 학교에 따라 수행평가를 70~80%로 실시하는 곳도 있으며 수행평가는 앞으로 더더욱 비율이 커지면서 강조될 거예요.

그리고 국어 교과는 대부분 글쓰기를 기반으로 이루어지니 글쓰기를 못하면 수행평가 점수는 물론 국어 성적 자체를 높은 점수로 유지하기 어렵다는 것을 명심해야 해요. 그럼 선생님이 실시했던 수행평가 계획을 보면서 중학교 국어 수행평가를 미리 만나 보도록 해요.

★ 국어과 지필 및 수행평가 반영 비율 (예시)

구분	지필평가		수행평가			총점
	선택형	서답형*	국어 포트폴리오	한글 지킴이 프로젝트	독서감상활동	
배점	100점		100점	100점	100점	400점
반영비율	40%		20%	20%	20%	100%

이 중 모든 중학교에서 공통적으로 실시하는 국어 수행평가가 있어요. 바로 '독서감상활동'이에요. 독서감상활동은 워낙 중요한 활동이라서 모든 학교에서 실시하고, 학교에서 배우는 교과서의 성취 기준에 맞게 채점 요소와 기준을 정해요. 그리고 다음처럼 독서감상활동 수행평가의 성취 기준, 평가 기준에 따라 평가 요소와 채점 기준을 자세하게 세워 여러분이 쓴 독서감상문 수행평가가 이루어지지요.

★ 독서감상활동 수행평가 (예시)

교육과정 성취 기준	평가 기준		평가 요소
문학은 심미적 체험을 바탕으로 한 다양한 소통 활동임을 알고 문학 활동을 한다.	상	문학 작품의 아름다움을 구성하는 요소를 적극적으로 찾아 읽고 자기 삶의 맥락에서 구체적인 경험을 연상하여 삶의 교훈을 찾는다.	• 문학이 심미적 체험을 바탕으로 한 다양한 소통 활동임을 이해하기 • 문학이 갖는 심미적 아름다움의 요소 파악하기 • 문학의 심미성을 체험하며 작품 감상하기
	중	문학 작품의 아름다움을 구성하는 요소를 찾아 읽고 자기 삶의 맥락에서 경험을 연상하여 삶의 교훈을 찾는다.	
	하	문학 작품의 아름다움을 구성하는 요소를 찾으려 노력하고 자기 삶의 맥락에서 경험을 연상하여 삶의 교훈을 찾고자 노력한다.	

---

* 주어진 물음이나 지시에 따라서 답안을 작성하게 하는 방식으로, 일상용어로는 주관식 문항이라고 한다.

★ 채점 기준 (예시)

평가 문항	채점 요소	배점 및 채점 기준				
		A	B	C	D	E
		100점	90점	80점	70점	60점
독서 감상문 쓰기	1. 전체 글 내용이 일관성이 있는가? 2. 의미가 불분명한 부분 없이 명확히 작성하였는가? 3. 자기 삶의 맥락에서 구체적인 경험을 제시하였는가? 4. 문학작품의 아름다움을 구성하는 요소가 드러나는가? 5. 독서를 통해 얻은 삶의 교훈 및 깨달음이 드러나는가?	기준 항목 모두 적합	기준 항목 중 4개 적합	기준 항목 중 3개 적합	기준 항목 중 2개 적합	기준 항목 중 1개 적합

어때요? 중학교 수행평가 계획을 미리 보니 감이 좀 잡히나요? 아직 감이 잡히지 않는 친구들도 있을 텐데 괜찮아요. 지금부터 대부분의 중학교에서 실시하고 있는 기본적인 국어 수행평가 활동들을 소개할게요. 이 활동들을 함께해 보면 확실히 감을 잡을 수 있을 거예요.

국어 수행평가 ① 독서감상문 쓰기

1. 책 소개 자신의 의미 있는 책 읽기 경험을 떠올려 보고, 비유적인 표현을 활용하여 소개해 보세요.

책 제목	재밌어서 밤새 읽는 인체 이야기	지은이	사카이 다츠오
책 내용	이 책에는 엉뚱하면서도 재미있는 내용이 많이 나온다. '라면을 먹으면 왜 콧물이 나오는 걸까?', '참은 방귀는 어떻게 되지?', '신장이 변하면 다른 장기들도 같이 변한다' 등 인체와 관련한 여러 가지 흥미 있는 이야기들이 소개되어 있다. 그리고 이 책의 내용들은 2학년 과학 시간에 배우는 순환계, 소화계를 공부할 때 정말 유용하고 많은 도움이 될 것 같다.		
인상 깊은 점	인체의 수수께끼를 알면 우리의 몸과 건강 상태 등을 자세히 이해할 수 있다.		
소개말 (비유적 표현 활용)	▶ 나에게 책 읽기는 나 자신을 이해하는 첫걸음이다. 왜냐하면 책을 읽으면 나 자신을 돌아보게 되고, 나를 이해하며 알아갈 수 있기 때문이다.		

2. 내용 파악 책 내용 중 가장 기억에 남는 내용을 두 가지 이상 적고, 그 이유를 쓰세요.

(책을 다시 한 번 살펴보면서 마음에 드는 부분, 마음에 들지 않는 부분, 감명 받은 부분, 말도 안 된다고 생각한 부분, 재미있는 부분, 재미없는 부분 등 기억에 남는 부분을 적습니다.)

❶ 첫 번째로 기억에 남는 부분은 '인간만 음식물이 목에 걸린다'는 내용이 소개된 부분이다. 이 부분이 기억에 남은 이유는 인간만 음식물이 목에 걸리는 이유가 동물과는 달리 인간의 기도와 식도가 교차점 구조이기 때문이라는 흥미로운 사실을 알게 되었기 때문이다.

❷ 두 번째로 기억에 남는 부분은 '피부에 비친 혈관이 푸른색인 이유'라는 내용이 소개된 부분이다. 이유는 혈액은 분명 빨간색인데 왜 피부에 비쳤을 때는 푸른빛을 띠는지 이유가 궁금하고, 부제목이 흥미를 유발했기 때문이다. 책을 읽어보니 피부에 보이는 혈관이 모두 정맥이기 때문에 푸른색으로 보이는 것이었다. 이 점이 매우 신기하고 재미있었다.

3. 성찰 책을 읽고 어떤 생각을 했나요? 책의 내용, 인물의 말, 행동이 나에게 미친 영향을 쓰세요.

책을 읽는 동안 정말 흥미로운 책이라는 생각을 많이 했다. 인체에 대해 엉뚱하면서도 재미있고, 신기한 내용들이 많이 나오기 때문이다. 이 책은 내 몸을 더욱 잘 이해하게 해 주었고, 책의 제목처럼 재미있어서 밤새 읽을 수 있을 것 같았다. 또 작은 우리 몸에서 아주 많은 일들이 끊임없이 일어난다는 사실을 알게 되어 정말 신기했다. 이 책을 통해 나의 몸에 더욱 관심을 기울이는 계기가 되었던 것 같다.

국어 수행평가 ① 독서감상문 쓰기

1. 책 소개 자신의 의미 있는 책 읽기 경험을 떠올려 보고, 비유적인 표현을 활용하여 소개해 보세요.

책 제목		지은이	
책 내용			
인상 깊은 점			
소개말 (비유적 표현 활용)	▶ 나에게 책 읽기는 ....이다. .... 때문이다.		

2. 내용 파악 책 내용 중 가장 기억에 남는 내용을 두 가지 이상 적고, 그 이유를 쓰세요.

(책을 다시 한 번 살펴보면서 마음에 드는 부분, 마음에 들지 않는 부분, 감명 받은 부분, 말도 안 된다고 생각한 부분, 재미있는 부분, 재미없는 부분 등 기억에 남는 부분을 적습니다.)

❶ ....
....

❷ ....
....

3. 성찰 책을 읽고 어떤 생각을 했나요? 책의 내용, 인물의 말, 행동이 나에게 미친 영향을 쓰세요.

....
....

다음은 '돌아보는 삶, 계획하는 삶'이란 대단원의 소단원 '나를 찾습니다'에서 과정중심 수행
평가로 제시된 '나의 미래'를 인터뷰 형식으로 그려 보는 수행평가 예시입니다.

오! 나의 미래 자서전 프로젝트

학습 주제 가상의 나의 미래를 설정하고 '성공한 나' 인터뷰하기

• 채점 기준

유형	채점 기준 항목	성취 수준(점수)				
		A	B	C	D	E
		100점	90점	80점	70점	60점
자서전 Book 만들기	1. 자신의 삶을 돌아보는 인터뷰 질문지(Q&A)를 알차게 작성하였는가? 2. 앞으로의 삶을 창의적으로 계획하며 진로를 탐색하고 있는가? 3. 단계에 맞게 자신의 미래 계획이 드러나도록 자서전의 내용을 구성하였는가? 4. 개성 있고 창의적으로 꾸며진 자서전 Book인가? 5. 능동적이고 책임있는 태도로 활동에 임하는가?	기준 항목 중 5개 적합	기주 항목 중 4개 적합	기준 항목 중 3개 적합	기준 항목 중 2개 적합	기준 항목 중 1개 이하 적합

활동 순서 오미자 프로젝트 순서 및 활동 순서

▶ **활동1** 가상의 나의 미래를 설정하고, 취재자가 되어 인터뷰 활동지 작성하기
  – 인터뷰 내용 질문과 답변(Q&A) 10개 만들기
▶ **활동2** 나의 미래 명함 만들기(비주얼씽킹 활용)
▶ **활동3** 인터뷰 내용을 바탕으로 자서전 Book 만들기(비주얼씽킹 활용)

1단계: 성공한 나의 미래를 상상한다.(나이, 직업, 성공한 나의 최상의 상태 설정)
2단계: 가상의 인물이 성공한 나와의 인터뷰를 통해 Q&A 작성
3단계: 인터뷰 내용을 바탕으로 자서전 쓰기
4단계: 삽화 삽입 및 나에게 덕담 한 마디
5단계: 인터뷰 내용을 바탕으로 자서전 Book 비주얼씽킹으로 표현

<인터뷰 활동지>　　　　　　　　　　　　　　　학번:　　　　이름:

◉ 인터뷰 대상은 누구? 엄청난 심리상담사로 억만장자가
　　된 행복한 가정을 꾸려나가는 '이지유'
　　(취미 - 플로리스트 (꽃꽂이 하는 사람))

◉ 취재자는 누구? 대한민국 모든 신문사의
　　　　　　　　　　기자들

오! 나의 미래 자 서전

Q. 어쩌다가 심리상담사의 길을 걷게 되었나요?
A. 중학교 때 이런저런 고민이 많을 때 '위클래스'라고 상담해주시는 선생님이 계신데
　　진짜 상담해주시고 위로해주시는 모습보고 '아.. 나도 선생님같은 사람이 되고싶다!' 해서 그 쪽으로 가게된 ~~것 같습니다~~

Q. 심리상담사를 하려고 무슨 공부를 따로 하셨나요?
A. 대학교 시절에 따로 심리상담학에 들어가서 관련 된 도서자료를 많이 읽어보고
　　연구하였습니다. 졸업 후에도 심리에 관련된 책이나 자료들을 찾아보았습니다. 아! 친구들이나 주위 사람들이 고민이 생겼을 때 들어주고 고민(?)을 해결해줬다

Q. 심리상담사의 직업으로 어떻게 억만장자가 된 것 같나요?
A. 우선 차근차근 우리내 사람들의 고민을 들어주고 그러다가 이 상담소를 차리고 처음 오시는 손님이 불편하지
　　않게 대하고 열심히 앉아 고민을 들어주고 열심히 반응도 해주어서 그런 거라고 생각합니다!

Q. 혹시 이 실내에 있는 꽃들이나 꽃 장식은..?
A. 아~ 네 ^^ 제 취미가 '플로리스트'라서요! 꽃으로 심신안정도 될 수 있고, 향기나 모습만 봐도
　　행복해지고 웃음이 나오잖아요 ☺ 손님들의 심신안정에 도움도 줄 수 있고요 !!

Q. 이 직업을 하면서 '이 직업을 선택하길 잘했다!' 라고 생각해봤던 때가 있나요?
A. 당연하죠! 사실 그런 생각을 매일마다 하는 것 같아요! 정말로!! 손님들이 가실 때
　　미소나 안정감을 느끼고 가시는 분들을 보면 항상 드는 생각이죠 ☺

Q. 사전으나즘 해버리고 결혼 한 지 얼마 안되셨다고..?
A. 네! 맞아요 "^^~ 4년정도 연애 해오면서 '정말 결혼해야 한다' 라고 딱 생각이
　　들었어요. 항상 옆에서 웃게해주고 우울해질 틈을 안줘서 여기까지 오게된 것 같아요.

Q. 이 직업을 하게 도와주었거나 (도움) 여기까지 올 수 있게 도움을 주신 분들이 있으신가요?
A. 우선 대학교 교수님께서 가장 큰 도움을 주신 것 같아요. 힘이되는 말씀도 많이 해주시고..
　　그리고 부모님과 저의 남편 또 친구들! 많은 도움을 받은 것 같아 항상 감사하고 고맙게 생각해요 ♡

Q. 꿈을 이루면서 ~~행복했거나~~ 포기하고 싶었던 때가 있으신가요?
A. 딱 한번 있었던 것 같아요. 이 상담소를 차리고 초반에는 손님도 없고 가끔씩 손님이 오셔서
　　말씀을 들다보면 손님이 그때 일로 이입이 되버려서 안 좋은 일을 들었을 때가 있긴했지만 나중에 찾아오셨다

Q. 심리상담사나 플로리스트 외에 하고싶으신 일이 있으신가요?
A. 음.. 심리학 도서를 쓰고싶어요! 이 생각만 하면 너무 행복한 것 같아요 !!
　　그리고 외국으로 나가서 많은 사람들을 만나보면서 고민이 있는 분들의 얘기를 들어주고싶어요 ☺

Q. 앞으로의 목표나 하고싶은 말이 있으신가요?
A. 음.. 이 세상에서 모든 사람들이 고민도 없고 행복하기만 할 수 있게
　　열심히 활동하고 이 직업이 더욱 널리 알려져서 도움이 됐으면 좋겠대요 ☺ !! 그럼 안녕 ~~

국어 수행평가 ② 자서전 쓰기 – 인터뷰 활동지

✏️ 옆 페이지의 〈학생 활동 결과물〉을 참고하여 다음을 작성해 보세요.

◆ 인터뷰 대상: ◆ 취재자:

오! 나의 미래 자서전

1 Q.

   A.

2 Q.

   A.

3 Q.

   A.

4 Q.

   A.

5 Q.

   A.

6 Q.

   A.

7 Q.

   A.

8 Q.

   A.

3학년 국어 6. 돌아보는 삶, 계획하는 삶 (2) 나를 찾습니다	천안동성중학교 3학년 ( )반 ( )번		
-과정중심 수행평가2- 나의 미래 자서전 프로젝트	이름 :	활동지 번호	11

★ 생각을 SHOW하라! ☞ Q&A 내용을 비쥬얼씽킹으로 표현해 보세요.

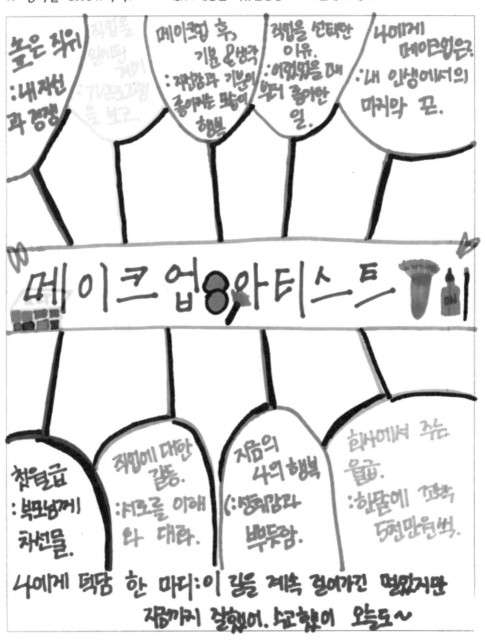

3학년 국어 6. 돌아보는 삶, 계획하는 삶 (2) 나를 찾습니다	천안동성중학교 3학년 ( )반 ( )번	
-과정중심 수행평가2- 오! 나의 미래 자서전 프로젝트	이름 :	활동지 번호 **11**

★ 생각을 *SHOW*하라!　☞ Q&A 내용을 비쥬얼씽킹으로 표현해 보세요.

3학년 국어 6. 돌아보는 삶, 계획하는 삶 (2) 나를 찾습니다	천안동성중학교 3학년 ( )반 ( )번	
-과정중심 수행평가2- **오 나의 미래 자**서전 프로젝트	이름 :	활동지 번호 **11**

★ 생각을 *SHOW*하라!　☞ **Q&A** 내용을 비쥬얼씽킹으로 표현해 보세요.

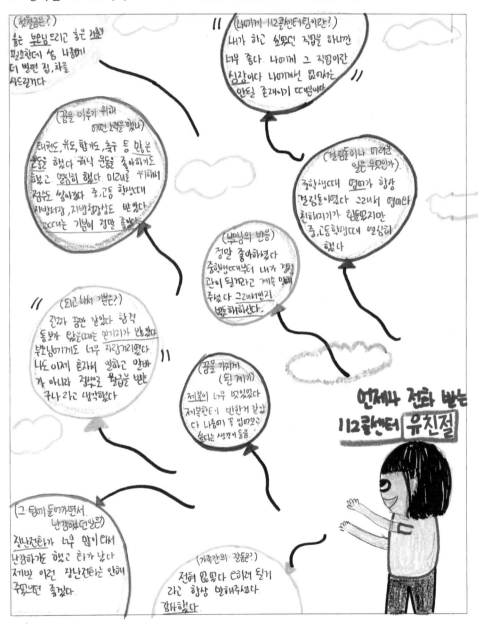

(첫월급은?)
올든 부모님 드리고 조금 저축
핀요한데 좀 나중에
더 빨리 집, 차를
사드릴거다

(나에게 112콜센터링이란?)
내가 하고 싶었던 직업을 하니깐
너무 좋다. 나에게 그 직업이란
심장이다 나에게선 없어서는
안될 존재이기 때문이다.

(꿈을 이루기 위해
어떤 노력을 했나)
태권도, 유도, 합기도, 축구 등 많은
운동을 했다 워낙 운동을 좋아하기도
했고 열심히 했다 미래를 위해서
경찰 되고 싶어졌다 중,고등 학생때
지방대장, 지방청장도 받았다
그때는 기분이 정말 좋았다

(걸림돌이나 미련은
없는 무엇인가)
중학생때 영어가 항상
걸림돌이였다 그래서 영어와
친해지기가 힘들었지만
중,고등학생때 열심히
했다

(부모님의 반응)
정말 좋아하셨다
중학생때부터 내가 경찰
관이 된거라고 계속 말해
주셨다 그래서인지
빨리 해야한다

(되고 나서 기분은?)
긴짜 꿈만 같았다 항격
통보가 왔을때는 믿기기가 변있다
부모님에게도 너무 자랑거리였다
나도 이제 혼자서 일하고 알바
가 아니라 정식으로 월급을 받는
구나 라고 생각했다

(꿈을 가지게
된 계기)
제복이 너무 멋있었다
제복한테 반한거 같았
다 나중에 꼭 입어보고
싶다는 생각이 들음

**언제나 전화 받는
112콜센터 유진절**

(그 팀에 들어가면서
난감했던일은?)
장난전화가 너무 많이 대서
난감하긴 했고 하가 났다
제발 이런 장난전화는 안해
주였으면 좋겠다

(가족간의 갈등은?)
전혀 없었다 오히려 돼거
라고 항상 말해주셨다
감사할다

국어 수행평가 ② 자서전 쓰기 - 비주얼씽킹 활동지

✎ 생각을 SHOW하라! Q&A 내용을 비주얼씽킹으로 표현해 보세요.

국어 수행평가 ③ - 교과 활동지 쓰기

이번에는 가장 일반적인 수행평가 활동지인 교과서 내용 관련 활동지예요. 이런 활동지 쓰기는 나중에 시험 문제에도 출제될 수 있기 때문에 열심히 활동해 놓아야 해요.

✎ 다음 글을 읽고 지금까지 배운 이야기 속에 담긴 갈등의 장면을 떠올려 보세요. 〈예시〉를 참고하여 (1)과 (2)의 그림을 보고 추측해서 갈등의 내용을 써 보세요.

"갈등"

갈등이란 서로 다른 생각이나 욕망 또는 입장 때문에 부딪치는 것을 뜻한다. 이야기 속에서 갈등은 인물의 마음속 또는 인물과 인물 사이 등 다양한 곳에서 생겨난다. 갈등은 인물의 속마음이나 생각, 겉으로 드러나는 행동, 주위 환경, 세상과 부딪치는 모습을 구체적으로 보여줌으로써 인물과 인물, 인물과 세계 사이의 관계를 이해하게 해 준다.

〈예시〉	(1)	(2)
누구의 갈등인가요?	누구의 갈등인가요?	누구의 갈등인가요?
: 백설공주 vs 왕비		
갈등의 이유는?	갈등의 이유는?	갈등의 이유는?
새엄마인 왕비가 마법 거울이 백설공주가 자기보다 예쁘다고 하자 백설공주를 시기하여 죽이려고 해서		

도덕 수행평가 실전 글쓰기

　도덕 교과는 특히 글쓰기를 많이 하는 과목이에요. 위인이나 귀감이 되는 인물과 사건을 다룬 글을 읽고 자신의 도덕적인 삶과 연관 지어 글을 쓰는 활동을 많이 하기 때문이죠.

　도덕 교과의 수업 목표는 도덕적 주체로서 자신의 삶에서 도덕적 삶의 중요성과 도덕적 행위를 하기 위해 필요한 것이 무엇인지를 탐구하고, 삶의 목적과 행복에 대해 성찰하도록 하여 성실한 삶을 살고자 하는 태도를 기르는 데 중점을 두고 있어요.

　도덕 교과에서 여러분이 길러야 할 역량은 6가지로 다음과 같아요.

★ 도덕 교과 역량

역량	의미
자기존중·관리능력	자신을 존중하고 사랑하는 토대 위에서 자주적인 삶을 살고, 자신의 욕구나 감정을 조절하며 이겨낼 수 있는 능력
도덕적 사고능력	일상의 문제를 도덕적으로 인식하고 도덕적 판단 및 추론의 탐구 과정을 거쳐 타당한 근거를 가지고 옳고 그름을 분별할 수 있는 능력
도덕적 대인관계능력	의사소통 과정에서 타인의 도덕적 요구 인식 및 수용과 이상적인 의사소통 공동체를 지향하면서 타인과 더불어 살아갈 수 있는 능력
도덕적 정서능력	도덕적 대인 관계 능력, 도덕성을 전제로 자신 및 타인의 감정을 인식하고 배려할 수 있는 능력

도덕적 공동체 의식	도덕규범과 정서 및 유대감을 근간으로 자신이 속한 다양한 공동체의 구성원으로서 소속감을 갖고 살아갈 수 있는 도덕적 공동체 의식
윤리적 성찰 및 실천 성향	일상 세계에서 자신의 삶을 윤리적으로 성찰하는 토대 위에서 도덕적 가치와 규범을 지속적으로 실천할 수 있는 윤리적 성찰 및 실천 성향

　도덕 선생님들은 이 6가지 역량을 키우기 위해 수업을 계획하고, 여러분에게 독서, 토론, 글쓰기 등의 활동을 하도록 한 뒤, 지필평가와 수행평가를 통해 확인합니다. 그리고 그 결과를 학생생활기록부 교과세부능력상황란에 1학기와 2학기에 나누어 어떤 역량을 어떻게 키웠는지를 기록하여 여러분의 성장과 발달 상황을 확인하고 있어요. 또한, 위의 역량을 키울 수 있는 다음 4가지 영역에서 수행평가를 한답니다.

　　① 자신과의 관계　　　　　　　② 타인과의 관계
　　③ 사회·공동체와의 관계　　　④ 자연·초월과의 관계

⭐비중이 점점 더 커지는 수행평가

　도덕 교과는 자유학년제가 실시되는 1학년 때는 지필고사 형식의 총괄평가를 실시하지 않고 100% 수행평가로 평가를 실시해요. 수업 시간에 형성평가, 서술형 평가, 교사 관찰평가(모둠활동 학습과정, 개별적 학습과정 등)를 실시하며 학습자 자기성찰 평가, 학습자 간의 동료평가를 참고로 학생의 성장과 발달에 중점을 두고 평가를 해요.

　2, 3학년 때에는 학기별로 1회씩 지필평가와 수행평가를 실시하는데, 지필평가 비율이 20~40%이고 주로 글쓰기로 이루어지는 수행평가 비율이 60~80%로 아주 높은 비율을 차지하고 있어요.

　그럼 도덕과에서 실시하는 '도덕 성찰 보고서 작성'이라는 수행평가를 통해 중학교 도덕 수행평가를 미리 만나 보도록 해요.

★ 도덕 성찰 보고서 작성하기 수행평가 (예시)

교육과정 성취 기준		평가 기준	평가 요소
도덕적 행동을 위한 도덕적 상상력과 민감성, 도덕적 추론의 과정과 비판적 사고의 역할을 이해하고, 자신의 삶을 도덕적으로 성찰하는 태도를 기를 수 있다.	상	도덕적 행동을 위한 도덕적 상상력과 민감성, 도덕적 추론의 과정과 비판적 사고의 역할을 설명할 수 있고, 자신의 삶을 도덕적으로 성찰하는 태도를 기를 수 있다.	• 도덕적 행동을 위한 사고력과 감수성 • 삶을 성찰하는 태도 • 보고서 완성도
	중	도덕적 행동을 위한 도덕적 상상력과 민감성, 도덕적 추론의 과정과 비판적 사고의 역할을 파악할 수 있고, 자신의 삶을 성찰하려는 태도를 기를 수 있다.	
	하	도덕적 행동을 위한 도덕적 상상력과 민감성, 도덕적 추론의 과정과 비판적 사고의 역할을 생각해 보고, 자신의 삶을 성찰하려고 노력할 수 있다.	

★ 채점 기준 (예시)

평가 영역	평가 요소	채점 기준	배점
자기존중 및 관리능력	성찰 준거의 적절성	도덕적 덕목 네 가지를 모두 반영하여 성찰 준거로서 매우 적합한 덕목 실천 예언을 작성하였다.	5점
		도덕적 덕목 세 가지를 반영하여 성찰 준거로서 비교적 적절한 덕목 실천 예언을 작성하였다.	4점
		도덕적 덕목 두 가지를 반영하여 성찰 준거로서 다소 미흡한 덕목 실천 예언을 작성하였다.	3점
		도덕적 덕목 한 가지를 반영하여 성찰 준거로서 부족한 덕목 실천 예언을 작성하였다.	2점
윤리적 성찰 및 실천	보고서의 완성도	날짜별로 자신의 행동과 마음을 성찰하여 깊이 있는 성찰 보고서를 항목별로 모두 정성껏 기록하였다.	5점
		날짜별로 자신의 행동과 마음을 성찰하여 성찰 보고서를 항목에 맞게 적절히 완성하였다.	4점
		보고서를 완성은 하였으나, 자신의 행동과 마음에 대한 성찰이 다소 부족하다.	3점
		성찰 보고서의 일부만 작성하거나, 내용이나 형식 모두 성의 없이 작성하였다.	2점

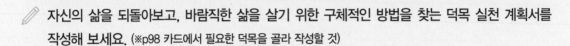

✏️ 자신의 삶을 되돌아보고, 바람직한 삶을 살기 위한 구체적인 방법을 찾는 덕목 실천 계획서를 작성해 보세요. (※p98 카드에서 필요한 덕목을 골라 작성할 것)

나의 덕목 실천 계획서

나의 예언	〈내가 키우고 싶은 덕목〉 나눔, 배려, 협력, 책임, 노력 나 김○○은 나눔의 자세와 친구를 배려하는 마음으로 모둠활동 시 협력하며 맡은 바 책임을 다하는 사람이 되려고 노력하겠다.
행동 원칙	예언을 실현하기 위해 나는 아래의 원칙에 따라 행동한다. 1. 나는 짝이 모르는 문제를 기꺼이 가르쳐 주겠다. 2. 나는 모둠원과 협력하며 모둠활동에 임하겠다. 3. 나는 모둠장으로서 책임을 다하려 노력하겠다.
성취 목표	내가 이루고 싶은 목표를 쓰시오. 1. 열심히 공부해서 성적 10등 이상 올리기 2. 친구들에게 나눔과 배려를 잘하는 사람이라는 칭찬 듣기 3. 나에게 주어진 모든 일에 항상 책임을 다하기
성취 전략	무엇을 어떻게 달성할 것인지 쓰시오. 1. 매일매일 예습과 복습을 열심히 하겠다. 2. 평소 친구들에게 생활 속에서 나누고 배려하며 생활하겠다. 3. 공부와 과제를 열심히 하고, 학생회장의 책임도 다하겠다.

도덕 수행평가 ① 나의 덕목 실천 계획서 쓰기

✎ 〈예시〉를 참고해 삶을 되돌아보고, 바람직한 삶을 살기 위한 구체적인 방법을 찾는 〈나의 덕목 실천 계획서〉를 작성해 보세요. (※p98 덕목 카드에서 필요한 덕목을 골라 작성할 것)

나의 덕목 실천 계획서

나의 예언	〈내가 키우고 싶은 덕목〉
행동 원칙	예언을 실현하기 위해 나는 아래의 원칙에 따라 행동한다.
성취 목표	내가 이루고 싶은 목표를 쓰시오.
성취 전략	무엇을 어떻게 달성할 것인지 쓰시오.

도덕 수행평가 ② 나의 성찰 보고서 쓰기

✎ 〈나의 덕목 실천 계획서〉를 바탕으로 〈나의 성찰 보고서〉를 작성해 보세요.

나의 성찰 보고서

날짜	5/1	5/2	5/3	5/4
경험 및 사건	수학 시간에 일차방정식 문제를 풀기 어려워하는 짝꿍에게 푸는 방법을 알려주었다.	오늘 국어 시간에 아픈 회장을 대신하여 학습지를 나누어 주고 과제도 걷었다. 회장이 많이 고마워하는 것을 보니 뿌듯했다.	중간고사에서 10등 이상 올리겠다고 생각하며 열심히 공부를 했는데 결과가 어떻게 나올지 궁금하다.	오늘은 너무 기쁜 날이다. 반 친구들이 조회 시간에 내가 책임감이 강한 부회장이라고 담임 선생님께 말씀드려서 칭찬을 받았기 때문이다.
반성	영어 시간에는 문장을 해석하는 데 시간이 모자라 자꾸만 단어의 뜻을 물어보는 짝꿍에게 친절하게 대답해 주지 못했다.	과학 시간에 실험을 하는데 모둠 친구 중 한 명이 자꾸 장난을 하며 실험을 방해하길래 참다가 그만 소리를 지르고 말았다. 좋은 말로 할걸 후회된다.	종례 시간에 선생님께서 중간고사 성적표를 나누어 주셨는데, 내가 세운 목표를 달성하지 못했다. 공부가 부족했나 싶어 속상하다.	3월 초에 매일매일 예습과 복습을 열심히 하겠다고 다짐했는데 요즘은 바쁘다는 핑계로 예습 복습을 제대로 하지 못하고 있다.
다짐 및 계획	앞으로는 어떤 상황에서도 짜증 내지 않고 친구들에게 친절하게 배움을 나눠 주어야겠다.	모둠장 활동이 힘들 때도 있지만, 내가 하고 싶어서 모둠장이 되겠다고 했으니 좀 더 책임감 있게 모둠장 역할을 해야겠다.	내일부터 성적이 부진한 과목의 공부를 좀 더 열심히 해서 다음 시험에서는 꼭 성적을 더 올리겠다.	부회장으로서의 역할도 최선을 다하고, 공부와 과제는 물론 친구 관계에서도 최선을 다하는 내가 되고 싶다. 좀 더 힘을 내서 파이팅하자!

도덕 수행평가 ② 나의 성찰 보고서 쓰기

✎ 〈예시〉를 참고해 〈나의 덕목 실천 계획서〉를 바탕으로 〈나의 성찰 보고서〉를 작성해 보세요.

나의 성찰 보고서

날짜	/	/	/	/
경험 및 사건				
반성				
다짐 및 계획				

덕목 카드

미덕의 보석들

감사	배려	유연성	창의성	결의	봉사	이상품기	책임감
겸손	**사랑**	이해	**청결**	관용	**사려**	**인내**	**초연**
근면	상냥함	인정	**충직**	기뻐함	**소신**	자율	친절
기지	신뢰	절도	탁월함	**끈기**	신용	정돈	**평온함**
너그러움	열정	**정의로움**	도움	한결같음	예의	**정직**	**헌신**
명예	용기	존중	협동	목적의식	**용서**	중용	화합
믿음직함	우의	진실함	확신				

*출처: 〈한국 버츄 프로젝트(http://virtues.or.kr/)〉

DAY 15

사회 수행평가 실전 글쓰기

사회 교과 역시 글쓰기를 많이 하는 과목이에요. 중학교 때는 사회와 역사를 배우고, 고등학교에 가면 공통으로 사회, 역사를 배우고, 세분화된 선택과목으로 통합사회, 한국사, 한국지리, 세계지리, 동아시아사, 세계사, 경제, 정치와 법, 사회·문화, 여행지리, 사회문화탐구 중에서 선택해서 배우는 폭넓은 교과예요.

사회 교과 수업 목표는 민주 시민으로서의 자질을 함양할 수 있도록 사회현상에 관한 기초 지식을 습득함은 물론, 지리, 역사 및 제반 사회과학의 기본 개념과 원리를 발견하고 탐구하는 능력을 익혀 우리 사회의 특징과 세계의 여러 모습을 종합적으로 이해하게 하며, 다양한 정보를 활용하여 현대 사회의 문제를 창의적, 합리적으로 해결하고 공동체 생활에 적극적으로 참여하는 능력을 기르는 데 중점을 두고 있어요.

사회 교과에서 여러분이 길러야 할 역량은 5가지로 다음과 같아요.

★ **사회 교과 역량**

역량	의미
창의적 사고력	새롭고 가치 있는 아이디어를 생성하는 능력
비판적 사고력	사태를 분석적으로 평가하는 능력
문제 해결력 및 의사 결정력	다양한 사회적 문제를 해결하기 위해 합리적으로 결정하는 능력

의사소통 및 협업 능력	자신의 견해를 분명하게 표현하고 타인과 효과적으로 상호작용하는 능력
정보 활용 능력	다양한 자료와 테크놀로지를 활용하여 정보를 수집, 해석, 활용, 창조할 수 있는 능력

사회 선생님들은 이 5가지 역량을 키우기 위해 수업을 계획하고, 지리, 사회, 문화, 도시, 지역, 경제, 환경, 세계 속의 우리나라, 더불어 사는 세계 등 다양한 사회 문제에 대해 가르친 뒤 지필평가와 수행평가를 통해 여러분이 어떤 역량을 어떻게 키웠는지를 확인합니다.

사회 과목은 워낙 배우는 내용도 많고 사용되는 어휘가 어려워서 학생들이 공부하기 힘들어하는 과목 중의 하나예요. 따라서 평소 다양한 분야에 대한 꾸준한 독서를 통해서 어휘력과 배경지식을 많이 쌓아 놓아야 중학교에서 사회를 어렵지 않게 공부할 수 있어요. 당연히 논술 형식으로 사회 문제를 해결하거나 사회 현상을 바라보는 시각에 대해 글쓰기로 수행평가를 하니 글쓰기는 사회 과목에서도 참 중요한 수단이에요.

★ 대부분 글쓰기로 진행되는 수행평가

사회 교과도 자유학년제가 실시되는 1학년 때는 지필고사 형식의 총괄평가를 실시하지 않고 100% 수행평가로 평가를 실시해요. 수업 시간에 형성평가, 서술형 평가, 교사 관찰평가(모둠활동 학습과정, 개별적 학습과정 등)를 실시하며 학습자 자기성찰 평가, 학습자 간의 동료평가를 참고로 학생의 성장과 발달에 중점을 두고 평가를 해요.

2, 3학년 때에는 학기별로 1회씩 지필평가와 수행평가를 실시하는데 지필평가 비율이 30~40%이고, 주로 글쓰기로 이루어지는 수행평가 비율이 60~70%로 아주 높은 비율을 차지하고 있어요.

그럼 중학교 1학년 일반사회 영역에서 실시하는 '역할에 따른 갈등 해결하기'라는 수행평가를 통해 중학교 사회 수행평가를 미리 만나 보도록 해요.

★ 역할에 따른 갈등 해결하기 수행평가 (예시)

교육과정 성취 기준		평가 기준	교과 역량
사회적 지위와 역할의 의미를 이해하고, 역할 갈등의 특징을 사례를 통해 분석한다.	상	사회적 지위와 역할의 의미를 이해하고, 사례를 통해 역할 갈등의 특징을 분석할 수 있다.	• 정보 활용 능력 • 의사소통 및 협업 능력 (발표시 평가)
	중	사회적 지위와 역할의 의미를 이해하고, 사례에 나타난 역할 갈등을 찾을 수 있다.	
	하	사회적 지위와 역할의 의미를 설명할 수 있다.	

★ 채점 기준 (예시)

평가 영역	평가 요소	채점 기준	배점
정보 활용 능력	엄마와 나의 사회적 지위 찾고 분류하기	엄마와 나의 사회적 지위를 각각 3개 이상 찾고 속성에 따라 귀속 지위와 성취 지위로 모두 올바르게 연결함	5점
		엄마와 나의 사회적 지위를 3개 이상 찾았으나, 귀속 지위와 성취 지위를 바르게 연결하지 못한 부분이 있음	4점
		엄마와 나의 사회적 지위를 3개 이상 찾았으나, 귀속 지위와 성취 지위를 올바르게 연결하지 못함	3점
		엄마와 나의 사회적 지위를 2개 이상 찾았으나, 귀속 지위와 성취 지위를 올바르게 연결하지 못함	2점
	엄마와 나의 지위에 따른 역할 정리하기	엄마와 나의 지위에 따른 역할을 각각 2개씩 찾아 모두 바르게 정리함	5점
		엄마와 나의 지위에 따른 역할을 2개씩 찾아 보통으로 정리함	4점
		엄마와 나의 지위에 따른 역할을 2개 찾아 다소 미흡하게 정리함	3점
		엄마와 나의 지위에 따른 역할을 1개만 찾아 정리했거나, 정리에 부족함이 많음	2점

사회 수행평가 ① 역할에 따른 갈등 해결하기

🖊 사회적 지위의 의미를 파악하고 지위를 속성에 따라 구분하는 활동을 해 보세요.

주변 인물 지위와 역할 알아보기

1 우리 가족 중 1명과 나의 다양한 사회적 지위를 찾아 적어 보세요.

(엄마)의 사회적 지위	피아노 학원 원장님, 엄마, 딸, 아내, 누나, 친구, 부녀회장 등
나의 사회적 지위	학생, 학생회장, 동아리 반장, 딸, 여동생, 아미 팬카페 회원 등

2 위에서 찾은 내용을 귀속 지위와 성취 지위로 구분해 보세요.

귀속 지위	딸, 누나, 여동생 등
성취 지위	피아노 학원 원장님, 엄마, 아내, 친구, 부녀회장, 학생, 학생회장, 동아리 반장, 아미 팬카페 회원 등

※ 귀속 지위: 성별이나 신분과 같이 태어나면서부터 자연적으로 가지게 되는 지위
※ 성취 지위: 살아가면서 개인의 능력이나 노력에 의해 얻게 되는 후천적인 지위

3 엄마와 나의 다양한 지위 중 2가지만 골라 각각의 역할을 적어 보세요.

구분	지위	역할
엄마	피아노 학원 원장님	피아노 학원을 운영하며 학원생들에게 피아노를 가르치신다.
	딸	외할머니께 용돈을 드리고 아프실 때 병간호를 하신다.
나	학생회장	학생회 임원들과 학생회를 운영하며 학생 복지와 학교 발전을 위해 노력한다.
	여동생	오빠와 사이좋게 지내며 좋은 동생이 되기 위해 노력한다.

✎ 사회적 지위의 의미를 파악하고 지위를 속성에 따라 구분하는 활동을 해 보세요.

주변 인물 지위와 역할 알아보기

❶ 우리 가족 중 1명과 나의 다양한 사회적 지위를 찾아 적어 보세요.

( )의 사회적 지위	
나의 사회적 지위	

❷ 위에서 찾은 내용을 귀속 지위와 성취 지위로 구분해 보세요.

귀속 지위	
성취 지위	

※ 귀속 지위: 성별이나 신분과 같이 태어나면서부터 자연적으로 가지게 되는 지위
※ 성취 지위: 살아가면서 개인의 능력이나 노력에 의해 얻게 되는 후천적인 지위

❸ ( )와 나의 다양한 지위 중 2가지만 골라 각각의 역할을 적어 보세요.

구분	지위	역할
( )		
나		

사회 수행평가 ② 갈등 해결하기

✏️ 지구촌에 발생하는 다양한 갈등 사례를 어떻게 하면 해결할 수 있을까요?

내가 대통령이라면! 갈등 해결하기

중고등학교 사회 시간에 배우는 '지구촌에 발생하는 갈등 사례' 10가지	
01. 이스라엘–팔레스타인 분쟁	06. 한반도 분단(한국–북한)
02. 카슈미르 분쟁	07. 아프가니스탄 내전
03. 북아일랜드 분쟁	08. 쿠르드 난민 문제
04. 터키–그리스 분쟁	09. 남중국해 분쟁
05. 중국–티베트 분쟁	10. 티그리스–유프라테스강 수자원 분쟁

❶ 위 갈등 사례 중 하나를 골라 갈등의 내용을 정리해 보세요. (※핸드폰 이용 정보 검색)

갈등 사례	한반도 분단(한국–북한)
갈등 내용	대한제국이 일본제국으로부터 독립한 후 북쪽에는 소련 군대가, 남쪽에는 미국 군대가 들어오며 남한과 북한에 서로 다른 정부가 세워지면서 생겨난 분쟁

❷ 갈등을 겪는 주체를 정한 뒤, 역할 갈등 해결을 위해 어떤 노력을 해야 할지 써 보세요.

역할 갈등 주체	대통령
갈등 내용	남북 이산가족의 아픔을 해결하기 위해 이산가족 상봉의 기회를 갖고자 남북 대화를 시도하는데 북한에서 비협조적인 태도로 대화에 응하지 않는다.
갈등 해결 방안	꾸준히 대화를 시도하고, 이산가족의 아픔을 세계만방에 알려 북한이 대화에 협조하도록 촉구하는 국제적인 여론을 조성한다.

사회 수행평가 ② 갈등 해결하기

✎ 〈예시〉를 참고해 '내가 대통령이라면! 갈등 해결하기'를 작성해 보세요.

내가 대통령이라면! 갈등 해결하기

중고등학교 사회 시간에 배우는 '지구촌에 발생하는 갈등 사례' 10가지

01. 이스라엘–팔레스타인 분쟁	06. 한반도 분단(한국–북한)
02. 카슈미르 분쟁	07. 아프가니스탄 내전
03. 북아일랜드 분쟁	08. 쿠르드 난민 문제
04. 터키–그리스 분쟁	09. 남중국해 분쟁
05. 중국–티베트 분쟁	10. 티그리스–유프라테스강 수자원 분쟁

---

❶ 위 갈등 사례 중 하나를 골라 갈등의 내용을 정리해 보세요. (※핸드폰 이용 정보 검색)

갈등 사례	
갈등 내용	

❷ 갈등을 겪는 주체를 정한 뒤, 역할 갈등 해결을 위해 어떤 노력을 해야 할지 써 보세요.

역할 갈등 주체	
갈등 내용	
갈등 해결 방안	

역사 수행평가
실전 글쓰기

역사 교과는 보통 중학교 1학년 때는 배우지 않고, 2학년과 3학년 때 학교 교육과정 구성에 따라 일주일에 1시간 혹은 2시간 배우는 과목이에요. 적은 수업 시수에 비해 배우는 양이 많고 내용도 어려워 학생들이 공부하기 많이 힘들어하는 과목이기도 해요.

역사 교과 수업 목표는 학생 스스로 다양한 역사적 자료를 활용하여 스스로 학습하고 다양한 해석과 시각이 있음을 인식하며, 우리나라와 세계의 역사를 알고 역사 학습에 흥미를 갖도록 하는 데 중요한 목적을 두고 있어요.

역사 교과에서 여러분이 길러야 할 역량은 5가지로 다음과 같아요.

★ 역사 교과 역량

역량	의미
역사 사실 이해	과거의 사건, 인물, 구조, 변화 등에 대한 지식을 습득하고 중요한 역사 용어나 개념을 이해하는 능력
역사 자료 분석과 해석	역사 자료를 읽고 이를 비판적으로 검토하여 역사 지식을 구성하는 능력
역사 정보 활용 및 의사소통	다양한 매체를 통해 얻은 역사 정보를 분석, 토론, 종합, 평가하는 능력
역사적 판단력과 문제 해결 능력	과거 사례에 비추어 오늘날의 문제를 해결하는 능력
정체성과 상호 존중	우리 역사와 세계의 역사에 대한 이해를 바탕으로, 우리의 관점에서 오늘날 요구되는 역사 의식을 함양하고 타인을 이해하고 존중하는 태도를 갖는 능력

중학교 역사는 초등학교에서 학습한 한국사에 대한 기초적인 이해를 바탕으로 과거와 현재, 우리나라와 세계의 역사를 서로 연관 지어 체계적으로 이해할 수 있는 기본 능력을 갖추는 데 주안점을 두고 수업이 진행돼요. 지필평가와 수행평가를 통해 어떤 역량을 얼마나 키웠는지를 확인해 여러분의 학생부 과목별세부능력 특기사항란에 기록하고 있어요.

따라서 평소 역사 만화나 역사 관련 책, 역사 다큐멘터리 등을 통해 역사적 배경지식을 쌓아 놓으면 중학교에서 배우는 역사도 어렵지 않게 공부할 수 있어요.

★ 역사를 탐구하고 글쓰기로 진행되는 역사 수행평가

역사 교과의 수행평가 중 '역사 탐구 보고서'나 '역사 신문 제작'과 같은 유형의 수행평가는 여러분이 직접 주제에 해당하는 역사적 사실에 대해 조사·탐구하고 공부한 내용을 글쓰기로 정리해야 하기 때문에 글쓰기를 잘해야 해요.

역사 교과는 2, 3학년 때 학기별로 1~2회(학교 평가 방침에 따라 지필평가 횟수가 달라짐) 지필평가와 학기별 수행평가를 실시해요. 지필평가 비율은 30~40%이고, 주로 글쓰기로 이루어지는 수행평가 비율이 60~70%로 아주 높은 비중을 차지하고 있어요.

그럼 중학교 2학년 역사 영역에서 실시하는 '삼국시대 문화 유산 답사기'라는 수행평가를 통해 여러분이 궁금해하는 중학교 역사 수행평가를 미리 만나 보도록 해요.

★ '삼국시대 문화유산 답사기' 수행평가 (예시)

교육과정 성취 기준	평가 기준		교과 역량
삼국 문화의 성격을 비교하고, 각국의 수도와 관련된 특징을 설명할 수 있다.	상	삼국 문화의 성격을 유물과 유적을 활용하여 비교하고, 각국의 수도와 관련된 특징을 자료를 활용하여 설명할 수 있다.	• 역사적 사실 이해 • 역사 정보 활용 및 의사소통
	중	삼국 문화의 성격을 비교하고, 각국의 수도와 관련된 특징을 설명할 수 있다.	
	하	삼국 문화의 성격과 각국 수도의 특징을 설명할 수 있다.	

★ 채점 기준 (예시)

평가 영역	평가 요소	채점 기준	배점
역사적 사실 이해	답사 계획서 작성의 명확성	역사적 사실에 입각해 계획서의 항목을 모두 깨끗한 글씨로 정성껏 작성하였으며 내용이 알차고 명확하다.	10점
		역사적 사실에 입각해 계획서의 항목을 모두 작성하였으나 1~2개 항목의 내용이 다소 부족하다.	9점
		역사적 사실에 대한 이해가 부족하고 계획서의 항목별 내용 및 작성 상태가 다소 부족하다.	8점
		역사적 사실에 대한 이해가 부족하고 계획서의 내용과 작성 상태 등이 전반적으로 부족하다.	7점
		역사에 대한 이해도 부족하고 계획서도 제대로 작성하지 못했거나, 기한 내 제출하지도 못하였다.	6점
역사 정보 활용 능력	계획서의 실행 능력	답사 계획서에 따른 답사를 실행한 후 항목별로 알차고 깨끗하게 작성된 보고서이다.	10점
		답사 계획서에 따른 답사를 실행한 후 작성된 보고서이나 보고서 내용에 오류가 있거나 다소 부족하다.	9점
역사 정보 활용 능력	계획서의 실행 능력	답사 계획서에 따른 답사를 실행하였으나 답사 보고서의 항목별 내용에 오류가 있고 부족하다.	8점
		답사 계획서에 따른 답사를 제대로 실행하지 못하였거나 답사 보고서의 항목별 내용에 부족함이 많다.	7점
		답사를 실행하지 않고 답사 보고서를 작성하였다.	6점

✎ 다음 〈안내 자료〉를 참고하여 방학을 이용해 삼국시대 문화유산을 답사할 지역을 정하고, 문화유산 답사 계획서 및 보고서를 작성하세요.

삼국시대 문화유산 답사기

〈유의 사항 및 안내 자료〉

성취 기준	삼국 문화의 성격을 비교하고, 각국의 수도와 관련된 특징을 설명할 수 있다.
평가 의도	고구려, 백제, 신라와 관련된 역사에 대해서 학습한 후 각국의 수도와 관련된 특징을 설명하고 '삼국시대 문화유산 답사기'의 계획서와 보고서를 유의 사항에 맞게 알차게 작성하였는지를 평가하고자 한다.
교과 역량	역사적 사실 이해, 역사 정보 활용 및 의사소통
답사 장소 (1곳을 정하세요)	① 고구려의 수도: 졸본 → 국내성 → 평양 ② 백제의 수도: 한성(서울) → 웅진(공주) → 사비(부여) ③ 신라의 수도: 금성(경주)
답사 장소의 특징	답사 장소로 정한 나라의 문화와 수도와 관련된 특징을 반드시 담을 것
계획서 및 보고서에 들어갈 내용	① 답사하면서 찍은 사진 자료, 안내 포스터, 지도 등 ② 수업 시간에 배운 내용과 답사하며 알게 된 내용 ③ 답사를 하면서 느낀 점과 소감
분량	계획서: A4 용지 1장, 보고서: A4 용지 2장 이상
유의 사항	① 먼저 답사 계획서를 꼼꼼히 작성한 후 답사를 실시할 것 ② 인터넷이나 책, 지도 등 각종 매체를 활용하여 작성할 것 ③ 나만의 창의적인 답사 계획서나 보고서가 되도록 할 것

역사 수행평가 ① 삼국시대 문화유산 답사기

🖊 옆 페이지의 안내 자료를 참고해 문화유산 답사 계획서를 작성해 보세요. (※이건 중2 때 해도 괜찮아요.)

삼국시대 문화유산 답사 계획서

항목	세부 내용
답사 일시	년 월 일 요일
답사 장소	
답사 장소 선정 이유	
답사 순서	
답사 지역 (지도로 표시)	
답사 장소에 대한 정보 (수업 시간에 배운 내용)	
답사 계획	
사용할 매체 및 참고 자료	

역사 수행평가 ① 삼국시대 문화유산 답사기

✎ 문화유산 답사 보고서를 작성해 보세요. (※이건 중2 때 해도 괜찮아요.)

삼국시대 문화유산 답사 보고서

구분	세부 내용
답사 일시	년 월 일 요일 시간:
답사 장소	
답사 여정 (지도로 표시)	
문화재 사진, 답사 사진 (그림으로 직접 그려서 표현해도 됨)	
답사를 통해 새롭게 알게 된 점	
답사 소감 (4줄 이상)	

DAY 17

수학 수행평가
실전 글쓰기

수학 교과는 일주일에 4시간씩 배우는데, 중학생들이 가장 어려워하고 공부하기 힘들어하는 교과예요. 학생들의 성적 수준 차이도 정말 많이 나기 때문에 수준별 수업도 이루어져요. 그래서 학교에 따라 중학교에 입학한 뒤 예비 수학 시험을 보고 성적에 따라 수준별로 반을 편성해서 수업을 하기도 해요.

학생들 중에는 수학을 배워서 어디에 써먹느냐고 질문하는 친구들이 많아요. 그만큼 공부가 쉽지 않기 때문일 거예요. 그런데 수학은 단순히 계산을 잘하기 위해서 배우는 과목이 아니에요. 수학 교과는 여러분에게 다음 6가지 역량을 길러주기 위한 과목이에요.

★ 수학 교과 역량

역량	의미
문제 해결	해결 방법을 알고 있지 않은 문제 상황에서 수학의 지식과 기능을 활용하여 해결 전략을 탐색하고 최적의 해결 방안을 선택하여 주어진 문제를 해결하는 능력
추론	수학적 사실을 추측하고 논리적으로 분석하고 정당화하며 그 과정을 반성하는 능력
창의·융합	수학의 지식과 기능을 토대로 새롭고 의미 있는 아이디어를 다양하고 풍부하게 산출하고 정교화하며, 여러 수학적 지식, 기능, 경험을 연결하거나 타 교과나 실생활의 지식, 기능, 경험을 수학과 연결·융합하여 새로운 지식, 기능, 경험을 생성하고 문제를 해결하는 능력
의사소통	수학 지식이나 아이디어, 수학적 활동의 결과, 문제 해결 과정, 신념과 태도 등을 말이나 글, 그림, 기호로 표현하고 다른 사람의 아이디어를 이해하는 능력

정보 처리	다양한 자료와 정보를 수집, 정리, 분석, 활용하고 적절한 공학적 도구나 교구를 선택, 이용하여 자료와 정보를 효과적으로 처리하는 능력
태도 및 실천	수학의 가치를 인식하고 자주적 수학 학습 태도와 민주 시민 의식을 갖추어 실천하는 능력

교과 역량에 도달하기 위해 수업과 평가가 이루어지니 수학 교과 역량도 잘 기억해 두세요. 또, 스토리텔링 수학이나 생활 속 문제 해결과 관련된 수학 수업과 활동이 많아지면서 글쓰기를 통해 설명해야 하기 때문에 수학 역시 글쓰기가 중요하답니다.

★ 글쓰기로 스토리텔링하는 수학 수행평가

과거에는 무조건 공식을 외우고 계산만 잘하면 수학을 잘할 수 있었어요. 하지만 교육과정이 점차 바뀌면서 수학 관련 도서를 읽고 독후감을 쓰거나, 문제 풀이 과정을 설명하는 등 수학을 공부하는 방법이 많이 달라지면서 재미없던 수학이 점점 재미있는 과목으로 변하고 있어요.

수학의 원리를 좀 더 쉽고 재미있게 이해하는 방법 중에서 수학 선생님들이 많이 선호하고 수행평가 방법으로 많이 적용하고 있는 것이 있는데, 바로 스토리텔링 수학이에요. 스토리텔링 수학은 수학의 공식과 과정들을 설명하기 위해 어려운 수식을 사용하지 않고 재미있는 상황과 이야기를 만들어 전달하는 방식이에요.

현재는 자유학년제가 실시되는 1학년 때는 100% 수행평가로 평가가 진행되고, 2, 3학년 때는 수행평가 40%, 서술형을 포함한 지필평가 60%로 진행되지만, 앞으로는 수행평가 비율이 더 높아진다고 하니 수행평가를 대비하는 공부를 많이 해 놓아야겠지요?

그럼 동전과 주사위를 던져 확률을 구하는 수행평가 예를 통해 중학교 수학 수행평가를 미리 만나 보도록 해요.

★ 동전과 주사위를 던져 확률 구하기 수행평가 (예시)

교육과정 성취 기준	평가 기준		교과 역량
확률의 개념과 그 기본 성질을 이해하고, 확률을 구할 수 있다.	상	확률의 의미와 기본 성질을 설명할 수 있으며, 실생활 상황에서 일어날 수 있는 사건의 확률을 구할 수 있다.	• 문제 해결 능력 • 추론 및 의사소통 • 태도 및 실천
	중	확률의 의미와 기본 성질을 이해하고, 확률을 구할 수 있다.	
	하	간단한 상황에서 주어진 사건이 일어날 수 있는 확률을 구할 수 있다.	

★ 채점 기준 (예시)

평가 영역	평가 요소	채점 기준	배점
문제 해결 능력	확률을 수학적 식으로 표현하기	확률의 뜻과 정의를 정확히 알고 있으며, 동전과 주사위를 던져 나올 확률을 구해 설명할 수 있다.	10점
		확률의 뜻과 정의를 알고 있으며, 동전과 주사위를 던져 나올 확률을 구해 설명하려 노력하였다.	9점
		확률의 뜻과 정의를 이해하려고 노력하며 동전과 주사위를 던져 나올 확률을 구할 수 있다.	8점
		확률의 뜻과 정의에 대한 이해가 부족하나 동전과 주사위를 던져 나올 확률을 구하려 노력하였다.	7점
		확률의 뜻과 정의에 대한 이해가 부족하여 동전과 주사위를 던져 나올 확률을 구하지 못하였다.	6점

✎ 가족이나 친구와 함께 동전 던지는 게임을 해 보세요. (혼자 해도 됩니다.)

동전 게임으로 확률 구하기

① 확률의 뜻을 설명해 보세요.

확률은 어떤 사건이 일어날 수 있는 가능성을 수로 나타낸 것이다. 즉, 일정한 조건 아래에서 실험이나 관찰을 여러 번 반복할 때 어떤 사건이 일어나는 경우의 수의 상대도수가 일정한 값에 가까워지면 이 일정한 값을 그 사건이 일어날 확률이라고 한다.

② 동전을 던져 결과란에 앞면이 나오면 F, 뒷면이 나오면 B를 쓰세요.

횟수	1	2	3	4	5	6	7	8	9	10
결과	F	F	B	B	F	F	B	B	F	B
횟수	11	12	13	14	15	16	17	18	19	20
결과	B	F	F	B	F	F	F	F	B	F

③ 위의 표를 바탕으로 동전을 던졌을 때, 앞면이 나올 확률을 구해 설명하세요.

동전을 20번 던졌는데 그중에서 앞면이 나오는 경우가 12번이므로, 앞면이 나오는 확률은 $\frac{12}{20} = \frac{3}{5}$ 이다.
(약분하여 구한 수임)

* 던진 횟수를 분모에 적고, 앞면이 나온 횟수를 분자에 적는다.

④ 확률의 뜻을 활용하여 수학적으로 동전을 던졌을 때 동전의 앞면이 나올 확률을 구해 보고, 위의 게임을 통해 나온 확률과 비교해 설명하세요.

동전을 던져서 나오는 모든 경우의 수는 앞, 뒤 2가지인데 그중 앞면이 나오는 경우는 1가지이므로 동전의 앞면이 나오는 확률은 $\frac{1}{2}$ 이다. 실험을 통해서 나온 확률은 $\frac{3}{5}$ 이므로 차이가 있다.

수학 수행평가 ① 동전 게임으로 확률 구하기

✎ 가족이나 친구와 함께 동전 던지는 게임을 해 보세요. (혼자 해도 됩니다.)

동전 게임으로 확률 구하기

① 확률의 뜻을 설명해 보세요.

② 동전을 던져 결과란에 앞면이 나오면 F, 뒷면이 나오면 B를 쓰세요.

횟수	1	2	3	4	5	6	7	8	9	10
결과										
횟수	11	12	13	14	15	16	17	18	19	20
결과										

③ 위의 표를 바탕으로 동전을 던졌을 때, 앞면이 나올 확률을 구해 설명하세요.

※ 던진 횟수를 분모에 적고, 앞면이 나온 횟수를 분자에 적는다.

④ 확률의 뜻을 활용하여 수학적으로 동전을 던졌을 때 동전의 앞면이 나올 확률을 구해 보고, 위의 게임을 통해 나온 확률과 비교해 설명하세요.

주사위 게임으로 확률 구하기

❶ 주사위를 던져 나온 숫자를 차례대로 쓰세요.

횟수	1	2	3	4	5	6	7	8	9	10
결과	4	2	3	6	1	2	5	3	2	2
횟수	11	12	13	14	15	16	17	18	19	20
결과	4	1	3	1	2	5	6	4	2	1

❷ 위의 표를 바탕으로 주사위를 던졌을 때, 숫자 2가 나올 확률을 구해 설명하세요.

> 주사위를 20번 던졌는데 그중에 숫자 2가 나온 경우가 6번이므로 2의 눈이 나오는 확률은 $\frac{6}{20} = \frac{3}{10}$이다.

❸ 확률의 뜻을 활용하여 주사위를 던졌을 때 숫자 2가 나올 확률을 구해 보고, 위의 게임을 통해 나온 확률과 비교해 설명하세요.

> 주사위를 던질 때 나오는 모든 경우의 수는 6가지이고 그중 2의 눈이 나오는 경우는 1가지이므로 주사위를 던졌을 때 2의 눈이 나오는 확률은 $\frac{1}{6}$이다. 게임을 통해서 나오는 확률은 $\frac{3}{10}$이므로 차이가 있다.

❹ 주사위를 던지는 실험을 통해서 얻은 확률과 수학적으로 계산한 확률의 값이 서로 같은지 다른지 비교해 보세요. 그리고 다르다면 왜 다른지, 그 차이를 줄이기 위해서는 어떻게 해야 할지 생각해 보세요.

> 주사위 게임을 통한 결과와 수학적으로 계산한 확률의 값이 달랐다. 수학적인 확률은 확률의 정의에도 나와 있듯이, 어떤 사건을 무수히 많이 시행했을 때 가까워지는 값이기 때문이다. 동전과 주사위를 계속해서 많이 던질수록 게임을 통한 결과와 수학적으로 계산한 확률이 점점 가까워질 것이다.

주사위 게임으로 확률 구하기

❶ 주사위를 던져 나온 숫자를 차례대로 쓰세요.

횟수	1	2	3	4	5	6	7	8	9	10
결과										
횟수	11	12	13	14	15	16	17	18	19	20
결과										

❷ 위의 표를 바탕으로 주사위를 던졌을 때, 숫자 4가 나올 확률을 구해 설명하세요.

❸ 확률의 뜻을 활용하여 주사위를 던졌을 때 숫자 4가 나올 확률을 구해 보고, 위의 게임을 통해 나온 확률과 비교해 설명하세요.

❹ 주사위를 던지는 실험을 통해서 얻은 확률과 수학적으로 계산한 확률의 값이 서로 같은지 다른지 비교해 보세요. 그리고 다르다면 왜 다른지, 그 차이를 줄이기 위해서는 어떻게 해야 할지 생각해 보세요.

✏️ 수학 관련 책을 읽고 독서 감상문을 쓰세요. 깨끗한 글씨로 〈조건〉에 맞게 정성껏 쓰면 됩니다.

수학 독후감 쓰기 수행평가

도서명: _____   지은이: _____

조건

1. 독후감의 내용을 드러내는 제목을 정해 쓰세요.
2. 독후감에 다음의 내용을 포함하여 쓰세요.
   ▷ 책을 선정한 이유, 수학과 관련해 알게 된 내용, 책 내용에 대한 생각이나 느낌, 감상 내용
3. 깨끗한 글씨로 알차게 끝까지 다 채워서 정성껏 쓰세요.

제목: _____

DAY 18

과학 수행평가
실전 글쓰기

중학교에서 과학은 일주일에 4시간 배워요. 과학은 물리, 생물, 화학, 지구과학 등의 내용을 통합해서 배우는데 실험과 이론을 병행해서 수업이 이루어져서 의외로 학생들이 매우 흥미를 갖고 재미있게 배우는 과목이기도 해요.

과학 교과에서 여러분이 길러야 할 역량은 5가지로 다음과 같아요. 의미가 길어서 어려운 것 같지만 차근차근 읽어 보면 그리 어렵지 않으니 꼼꼼하게 읽어 보세요.

★ 과학 교과 역량

역량	의미
과학적 사고력	과학적 세계관 및 자연관, 과학의 지식과 방법, 과학적인 증거와 이론을 토대로 합리적이고 논리적으로 추론하는 능력, 추리 과정과 논증에 대해 비판적으로 고찰하는 능력, 다양하고 독창적인 아이디어를 산출하는 능력
과학적 탐구 능력	과학적 문제 해결을 위해 실험, 조사, 토론 등 다양한 방법으로 증거를 수집, 해석, 평가하여 새로운 과학 지식을 얻거나 의미를 구성해 가는 능력
과학적 문제 해결력	일상생활의 문제를 해결하기 위해 문제와 관련 있는 과학적 사실, 원리, 개념 등의 지식을 생각해 내고 활용하며 다양한 정보와 자료를 수집, 분석, 평가, 선택, 조직하여 가능한 해결 방안을 제시하고 실행하는 능력
과학적 의사소통 능력	과학적 문제 해결 과정과 결과를 공동체 내에서 공유하고 발전시키기 위해 자신의 생각을 주장하고 타인의 생각을 이해하며 조정하는 능력

과학적 참여와 평생 학습 능력	사회에서 공동체의 일원으로 합리적이고 책임 있게 행동하기 위해 과학기술의 사회적 문제에 관심을 가지고 의사 결정 과정에 참여하며 새로운 과학기술 환경에 적응하기 위해 스스로 지속적으로 학습해 나가는 능력

과학도 수행평가 비중이 40~60%를 차지해요. 수행평가 내용은 학교와 선생님에 따라 조금씩 다르게 진행되는데 대체로 실험보고서, 관찰보고서, 과학독후감 쓰기 그리고 각종 프로젝트 수업에 따른 수행평가지 작성 등 글쓰기로 이루어지기 때문에 글쓰기를 열심히 해서 수행평가에서 높은 점수를 받으면 과학 성적 관리도 무리 없이 할 수 있어요.

과학도 교과 역량에 도달하기 위해 수업과 평가가 이루어지는데, 내용을 보면 과학적 사고력과 문제해결력을 기르기 위해 모둠원들과 토의·토론을 통해 생각을 넓히고, 활동과 글쓰기를 통해 아는 바를 설명해야 하기 때문에 과학 수업에서도 글쓰기는 정말 중요하답니다.

★ 과학적 글쓰기로 사고력을 키우는 과학 수행평가

과학 교과는 여러분이 과학의 개념을 이해하고 과학적 탐구 능력과 태도를 함양하여 여러 가지 문제를 과학적이고 창의적으로 해결할 수 있는 과학적 소양을 기르기 위한 교과예요. 그래서 과학 선생님들은 일상의 경험과 관련이 있는 상황을 통해 과학 지식과 탐구 방법을 즐겁게 학습하도록 수업을 진행하고 다양한 평가 방법을 통해 잘 배웠는지를 확인해요.

특히, 요즘에는 과학적 사고력을 향상시키기 위해 과학논술과 같은 글쓰기를 강조하고 있어서 학교에서도 과학독후감 쓰기, 실험보고서나 관찰보고서 등을 작성하며 과학적 증거를 수집, 해석, 평가하여 새로운 과학 지식을 얻거나 의미를 구성하는 활동을 하고 있어요.

현재 자유학년제가 실시되는 1학년 때는 100% 수행평가로 평가가 진행되고, 2, 3학년 때에는 학교에 따라 수행평가 40~60%, 서술형을 포함한 지필평가가 40~60%로 진행되지만, 앞으로는 수행평가 비율이 더 높아진다고 하니 과학도 수행평가를 대비하여 공부를 많이 해야겠지요?

★ 과학 관련 영상 보고 생각이나 느낌 쓰기 수행평가

과학 시간에는 보통 여러분의 생각이나 배경지식, 글쓰기 수준, 학습 상황 등을 점검하기 위해 다음처럼 과학 관련 영상이나 사진 등을 보여 주고 학습지에 생각이나 느낌, 예측한 내용 등을 쓰는 활동을 많이 하고 있어요.

- 〈질문1〉 사진(영상)을 보고 어떤 느낌(생각)이 들었나요?
- 〈질문2〉 사진(영상)에 담긴 실험 결과를 예측해 보세요.
- 〈질문3〉 이 노래 속에 담긴 메시지는 무엇인가요?

그리고 친구들과 토론하며 다양한 생각이나 사실을 기록하는 활동을 합니다.

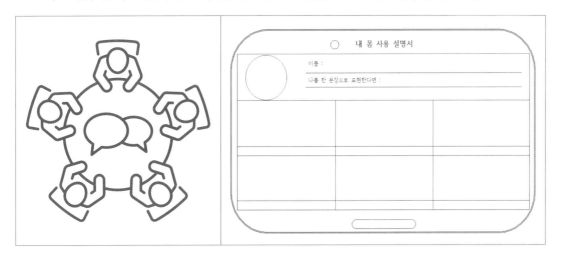

★ '생활 속 상태 변화를 찾아라!' 프로젝트 수행평가

학교별로 배우는 교과서와 담당 선생님에 따라 다양한 종류의 과학 수행평가가 실시됩니다. 여기에서는 다음의 성취 기준과 평가 기준에 의해 우리가 살아가는 생활 속에서 상태 변화를 알아보는 수행평가의 예를 통해 중학교 과학 수행평가를 미리 만나 보세요.

수행평가 이름과 교육과정 성취 기준, 평가 기준, 교과 역량을 읽어 보고, 이를 바탕으로 만든 채점 기준의 평가 영역, 평가 요소, 채점 기준, 배점을 읽어 보며 수행평가가 어떻게 계획되는지 확인하세요.

★ '생활 속 상태 변화를 찾아라!' 프로젝트 수행평가 (예시)

교육과정 성취 기준		평가 기준	교과 역량
여러 가지 물질의 상태 변화를 관찰하고, 상태 변화 시 나타나는 현상을 입자 모형으로 설명할 수 있다.	상	여러 가지 물질의 상태 변화에서 나타나는 현상을 관찰하고, 이를 물질의 상태에 따른 입자 모형으로 설명할 수 있다.	• 과학적 문제 해결 능력 • 과학적 의사소통 능력
	중	여러 가지 물질의 상태 변화를 입자 모형으로 나타낼 수 있다.	
	하	물질의 상태가 변할 때 나타나는 현상을 관찰하여 말할 수 있다.	

★ 채점 기준 (예시)

평가 영역	평가 요소	채점 기준	배점
문제 해결 능력	과학적 오류 및 참여도	성실하게 프로젝트에 임하였으며, 생활 속에서 찾은 상태 변화 예시 및 설명에 과학적 오류가 없다.	20점
		성실하게 프로젝트에 임하였으며, 생활 속에서 찾은 상태 변화 예시 및 설명에 과학적 오류가 1개 있다.	19점
		성실하게 프로젝트에 임하였으나, 생활 속에서 찾은 상태 변화 예시 및 설명에 과학적 오류가 2개 있다.	18점
		프로젝트에 참여하는 태도에 성실함이 부족하거나 생활 속에서 찾은 상태 변화 예시와 설명에 과학적 오류가 있다.	17점
		프로젝트에 참여하는 태도에 성실함이 부족하고, 생활 속에서 찾은 상태 변화 예시와 설명에 과학적 오류가 많다.	16점

🖊 모둠원과 협력하여 프로젝트 과제 2개를 수행한 후 보고서를 완성하세요.

생활 속 상태 변화 찾기 프로젝트

1. 사전 조사 과제

생활 속에서 일어나는 여러 가지 상태 변화를 관찰하여 사진을 찍고 설명해 보세요.

〈유의 사항〉

※ 수업 시간에 배운 내용을 바탕으로 모둠원과 상태 변화에 대해 토의한 뒤 역할을 분담하여 사진을 찍을 것.

◈ 융해, 응고, 기화, 액화, 승화(고체 → 기체), 승화(기체 → 고체) 현상을 찾아보자.
◈ 상태 변화를 찾아 상태 변화 전과 후를 관찰한 뒤 사진을 찍는다.
◈ 사진 하단에 상태 변화에 대해 설명한다.

2. 발표 과제

모둠별로 조사한 자료를 바탕으로 발표 자료를 만들어 발표하세요.

〈발표 자료 작성 안내〉

※ 모둠 구성원 모두가 1개의 역할을 맡아 발표 자료 작성 및 발표에 참여하세요.

◈ 정확한 상태 변화의 종류와 상태 변화 현상에 대한 설명을 자세히 쓴다.
◈ 친구들이 집중할 수 있도록 창의적이고 인상적인 발표 자료를 만들도록 한다.
◈ 모둠원 모두가 협력하여 발표 자료를 정리하고, 각자 보고서를 작성하여 제출한다.

3. 자기성찰 평가 및 동료평가

프로젝트 마지막 차시에 자기성찰 평가와 동료평가지 작성을 통해 프로젝트 전반에 걸친 정리와 반성을 합니다.

과학 수행평가 ① 생활 속 상태 변화를 찾아라!

🖉 〈다음〉을 참고하여 '융해'처럼 생활 속에서 일어나는 여러 가지 상태 변화를 찾아보고, 사진을 찍은 뒤 상태 변화를 설명하세요. (예시 답변은 p.211)

생활 속 상태 변화 찾기 프로젝트

〈다음〉

◆ 융해(고체→액체), 응고(액체→고체), 기화(액체→기체), 액화(기체→액체), 승화(고체→기체), 승화(기체→고체) 현상을 찾아보자.

◆ 상태 변화를 찾아 상태 변화 전과 후를 관찰한 뒤 사진을 찍는다.

◆ 사진 하단에 상태 변화에 대해 설명한다.

융해(고체 → 액체)	응고(액체 → 고체)
 딱딱하게 굳어 있던 초콜릿이 녹는다.	
기화(액체 → 기체)	액화(기체 → 액체)
승화(고체 → 기체)	승화(기체 → 고체)

✏️ '생활 속 상태 변화를 찾아라!' 프로젝트 활동을 잘하였는지 스스로 확인해 봅시다.

과학 자기성찰 평가표

평가 영역	평가 내용	우수 (3)	보통 (2)	부족 (1)
지식	우리 모둠 발표 내용을 다른 모둠원들이 이해하기 쉽게 설명하였나요?			
	자신이 관찰한 사실을 자료를 제시하며 정확하게 설명하였나요?			
	생활 속에서 찾은 상태 변화 예시 및 설명에 과학적 오류가 없었나요?			
탐구	생활 속에서 상태 변화의 예를 찾아 관찰하였나요?			
	상태 변화와 관련하여 관찰하고 계획서와 보고서에 잘 정리하였나요?			
	각각의 물질의 상태 변화를 정확하게 이해하고 설명하였나요?			
태도	적당한 크기와 빠르기의 목소리로 발표하였나요?			
	모둠 토론에 적극적으로 참여하였나요?			
	성실한 자세로 프로젝트에 임하였나요?			
소 계				
총 점				

※ 13~15점: 잘했어요, 8~12점: 보통, 5~7점: 노력 요함

✏️ 프로젝트를 수행하며 느낀 점과 잘한 점, 반성할 점 등 소감을 써 보세요.

과학 수행평가 ② 과학도서 읽고 독후감 쓰기

✏️ 과학 관련 책을 읽고 독서 감상문을 쓰세요. 깨끗한 글씨로 〈조건〉에 맞게 정성껏 쓰면 됩니다.

과학 독후감 쓰기 수행평가

도서명: _____   지은이: _____

조건

1. 독후감의 내용을 드러내는 제목을 정해 쓰세요.
2. 독후감에 다음의 내용을 포함하여 쓰세요.
   ▷ 책을 선정한 이유, 과학과 관련해 알게 된 내용, 책 내용에 대한 생각이나 느낌, 감상 내용
3. 깨끗한 글씨로 알차게 끝까지 다 채워서 정성껏 쓰세요.

제목: _____

DAY 19

영어 수행평가
실전 글쓰기

    중학교에서 영어는 일주일에 4시간씩 배우는데, 수학만큼이나 수준별 차이가 큰 교과예요. 초등학교 때 영어 공부를 열심히 하고 온 친구들은 중학교에서도 별 무리 없이 말하기(Speaking), 듣기(Listening), 읽기(Reading), 쓰기(Writing) 공부를 할 수 있어요. 그런데 초등학교 때 영어 공부를 열심히 해 놓지 않으면 수준이 높아진 중학교 영어 공부를 잘 따라가지 못할 수 있으니 평소에 영어를 꾸준히 학습하는 게 중요합니다.

    영어 교과에서 여러분이 길러야 할 역량은 4가지로 다음과 같아요. 설명이 길어서 어려워 보일 수 있지만 차근차근 읽어 보면 그리 어렵지 않으니 꼼꼼하게 읽어 보세요.

★ 영어 교과 역량

역량	의미
영어 의사소통 역량	일상생활 및 다양한 상황에서 영어로 의사소통할 수 있는 역량
자기 관리 역량	학습자가 자기주도적으로 영어 학습을 지속할 수 있는 역량
공동체 역량	공동체의 삶에 관심을 갖고 공동체가 당면하고 있는 문제를 해결하는 데 참여할 수 있는 역량
지식 정보 처리 역량	지식 정보화 사회에서 영어로 표현된 정보를 적절하게 활용하는 역량

영어도 수행평가 비중이 40~60%를 차지해요. 수행평가 내용은 학교와 선생님에 따라 조금씩 다르게 진행되지만, 글쓰기와 관련해서는 대체로 영어 에세이 쓰기, 영어로 일기 쓰기, 영작하기, 영어책 읽고 독후감 쓰기, 상황과 목적에 맞는 글(초대글, 감사편지, 위로의 글, 축하 메세지) 쓰기 등이 이루어져요.

영어 수행평가에서의 글쓰기는 영어 지문을 읽고 해석하여 글을 쓰는 활동과 한글로 글을 쓴 뒤 영어로 작문을 하는 다양한 활동이 있으니 글쓰기를 잘해야 합니다.

★ 글쓰기로 의사소통 능력을 키우는 영어 수행평가

영어는 현재 국제적으로 가장 널리 통용되는 언어로서, 서로 다른 언어적 배경을 가진 사람들 간의 중요한 의사소통 수단이에요. 따라서 국제 사회에서 선도적인 역할을 수행하기 위해서는 영어를 이해하고 표현하는 능력을 반드시 갖추어야 해요.

그래서 영어 선생님들은 여러분을 영어 의사소통 능력을 갖추고 세계인과 잘 소통하며, 세계의 문화를 알고 우리 문화를 세계로 확장시켜 나갈 사람으로 기르기 위해 다양하고 즐거운 수업을 만들어 진행하고 다양한 평가 방법을 통해 잘 배웠는지를 확인해요.

현재 자유학년제가 실시되는 1학년 때는 100% 수행평가로 평가가 진행되고, 2, 3학년 때에는 학교에 따라 수행평가 40~60%, 서술형을 포함한 지필평가가 40~60%로 진행되지만, 앞으로는 수행평가 비율이 더 많아진다고 하니 영어도 수행평가를 대비하여 공부를 많이 해야겠지요?

학교별로 배우는 교과서와 지도해 주시는 선생님의 특성에 따라 다양한 유형의 영어 수행평가가 실시됩니다. 다음의 '영화 감상문 쓰기' 수행평가의 예를 통해 중학교 영어 수행평가의 한 유형을 만나 보도록 해요.

수행평가 이름과 교육과정 성취 기준, 평가 기준, 교과 역량을 읽어 보고, 이를 바탕으로 만든 채점 기준의 평가 영역, 평가 요소, 채점 기준, 배점을 읽어 보며 수행평가가 어떻게 계획되는지 확인하세요.

⭐ 영화 감상문 쓰기 (예시)

교육과정 성취 기준	평가 기준		교과 역량
자신이나 주변 사람, 일상생활에 관해 짧고 간단한 글을 쓸 수 있다.	상	자신이나 주변 사람, 일상생활에 관한 짧고 간단한 글을 다양하고 적절한 어휘와 정확한 언어 형식을 활용하여 성격이나 특성이 자세하게 드러나도록 쓸 수 있다.	• 영어 의사소통 역량 • 자기 관리 역량 • 공동체 역량
	중	자신이나 주변 사람, 일상생활에 관한 짧고 간단한 글을 적절한 어휘와 언어 형식을 활용하여 성격이나 특성이 대략적으로 드러나도록 쓸 수 있다.	
	하	자신이나 주변 사람, 일상생활에 관한 짧고 간단한 글을 주어진 어휘와 예시문을 참고하여 성격이나 특성이 부분적으로 드러나도록 쓸 수 있다.	

⭐ 채점 기준 (예시)

평가 영역	평가 요소	채점 기준	배점
영화 감상문 쓰기	내용 및 표현력 언어 사용 및 완성도	〈조건〉에 모두 충족하게 인상 깊은 장면 소개글과 소감문을 다양하고 적절한 어휘와 정확한 언어 형식을 활용하여 완성도 높은 글로 표현하였다.	10점
		〈조건〉에 맞게 인상 깊은 장면 소개글과 소감문을 대체로 정확하고 다양한 표현을 사용하여 표현하였다.	9점
		〈조건〉 중 일부가 부족하게 인상 깊은 장면 소개글과 소감문을 작성하였으며, 다소 부정확한 표현이 보인다.	8점
		〈조건〉을 대체로 지키지 못하였고, 적절하지 못하고 부정확하게 소개글과 감상글을 표현하였다.	7점
		표현이 부정확하거나 소개글과 감상 문장을 제대로 표현하지 못하였다.	6점

최근에 본 영화 중 가장 인상 깊었던 장면을 골라 〈예시〉처럼 그림으로 그리고, 우리말로 소개하는 문장을 쓴 뒤 영어로 표현하세요. (※ 자신이 아는 단어로 문장을 구성해 보고, 어려운 친구들은 인터넷에서 번역기를 활용해 문장을 만들며 영어 문장 쓰기 실력을 키워 보세요.)

인상 깊은 영화 장면 소개하기

예시	[인상 깊은 장면] 요술램프에서 지니가 나왔다. [영어 표현] Genie came out of the magic lamp.

영화 제목:

	[인상 깊은 장면] [영어 표현]
	[인상 깊은 장면] [영어 표현]
	[인상 깊은 장면] [영어 표현]

영어 수행평가 ① 영화 감상문 쓰기 Ⅱ

🖊 다음 〈조건〉에 맞게 최근에 본 영화의 감상문을 쓰세요.

인상 깊은 영화 감상문 쓰기

조건

1. What was the most impressive movie you watched?
2. Use exclamation in the sentence. (감탄문으로 표현하기)
3. Introduce the characters.
4. Write impressive scenes and reasons.
〈조건1〉 최소 6문장 이상으로 작성할 것
〈조건2〉 마지막 문장은 감탄문 형식으로 쓸 것

An impressive movie: (   )

영어 수행평가 ② 나의 미래 직업 소개 Ⅰ

✎ 미래에 나는 어떤 일을 하며 살고 있을까요? 내가 하고 있는 일(하고 싶은 일)을 다섯 가지 선택하여 〈보기〉처럼 무엇을, 누구와, 어떻게, 왜에 대한 내용을 아래 표에 써 보세요.

나의 미래 직업을 소개합니다

구분	What	Who	How	Why
ex.	take a class (수업을 한다)	students (학생들과)	online lecture (온라인 강의로)	I'm a teacher (나는 교사이므로)
1				
2				
3				
4				
5				

✎ 위의 일이 일어나는 시간과 장소, 그에 대한 설명을 아래 표에 써 보세요.

구분	Time (When)	Description (묘사)	Place (Where)	Description (묘사)
ex.	2:00PM (오후 2시)	When I had an online class (온라인 수업을 진행할 때)	lecture room (강의실)	The school I work at (내가 근무하는 학교의)
1				
2				
3				
4				
5				

영어 수행평가 ② 나의 미래 직업 소개 Ⅱ

 다음 조건에 맞게 나의 미래 직업을 소개하는 글을 써 보세요.

나의 미래 직업을 소개합니다

조건
1. 앞에서 선정한 내용 중 소개하고 싶은 내용을 2가지 골라 2문장 이상씩 쓰세요.
2. 각각의 일(사건)이 일어나는 각각의 시간과 장소를 포함하세요.
3. 시간과 장소에 대한 문장에는 when, where를 포함하여 쓰세요.

_____ (Job)

Let me introduce my future job.

....

....

....

....

....

....

....

....

....

....

....

PART 3

서술형 평가
대비 글쓰기

중학교 서술형 평가 들여다보기

대부분의 학생들이 글쓰기를 어려워하기 때문에 '서술형'이라는 말만 들어도 부담을 느끼고 어렵다고 생각하는 것 같아요. 그렇지만 걱정하지 않아도 돼요. 이 책을 읽으면서 서술형 평가를 잘하기 위한 좋은 힌트와 방법을 배울 수 있으니까요. 또, 다양한 서술형 평가 예시와 실전을 통해 실력을 차곡차곡 쌓으면 '중학교 서술형 평가, 문제없어!'라고 외치게 될 거예요.

서술형 평가 대비
글쓰기 훈련

서술형 평가가 뭘까요?

서술형 평가도 수행평가와 함께 학생과 학부모님들이 많이 걱정하는 평가예요. 서술형 평가 역시 자신의 생각을 글로 써서 표현해야 하기 때문이지요. 대부분의 학생들이 글쓰기를 어려워하기 때문에 '서술형'이라는 말만 들어도 부담을 느끼고 어렵다고 생각하는 것 같아요. 하지만 크게 걱정하지 않아도 돼요. 서술형 평가는 수업 시간에 배운 내용을 평가하는 것이므로 이 책을 읽으면서 차근차근 방법을 익히면 누구든지 서술형 평가에서 좋은 점수를 받을 수 있게 될 거예요.

서술형 평가에 대해 본격적으로 살펴보기 전에 우선 수행평가와 서술형 평가의 차이점을 알아야 해요. 수행평가는 평소 수업 시간에 하는 활동을 평가하는 것인 반면, 서술형 평가는 중간고사 또는 기말고사에 시험 문제로 출제되는 평가예요.

★ 서술형 평가의 정의 및 특성

서술형 평가는 여러분이 알고 있는 정보나 지식을 활용하여 주어진 문제에 대해 논리적으로 분석, 설명, 해석하거나 창의적으로 문제를 해결할 수 있는 능력을 측정하는 평가 유형이에요. 그래서 서술형 문항은 여러분이 수업 시간에 배운 내용 중 단편적인 지식의 암기 여부를 평가하지 않고, 여러분의 생각과 지적 수준을 보다 심층적으로 평가하고, 교과 역량을 키우는 방향으로 만들어져요.

서술형 평가는 학생이 서술해야 하는 분량이 수행평가에 비해 상대적으로 적어요. 한 줄

쓰기, 두 줄 쓰기, 한 문단 쓰기, 정해진 글자 수만큼 쓰거나 분량에 상관없이 자유롭게 쓰도록 하지만 수행평가처럼 양이 많지는 않아요.

그리고 문제를 출제하신 선생님들이 서술형 문항의 예시 답안을 미리 만들어 놓고 그 채점 기준에 따라 채점을 해요. 그렇다면 수업 시간에 배운 내용(지식, 정보, 상황, 생각, 의견 등)을 바탕으로 답안 내용이 구성될 거라는 것을 짐작할 수 있겠지요? 당연히 수업 시간에 즐겁고 재미있게 수업에 참여하면 서술형 답안도 문제없이 작성할 수 있어요.

그리고 채점 시 선생님들께서는 예시 답안이나 인정 답안에 제시된 답안을 바탕으로 채점을 해요. 그리고 학생들이 작성한 답안에서 최대한 점수를 부여할 수 있는 부분을 찾아 추가로 부분 점수를 부여하기 때문에, 예시 답안과 비슷하거나 관련이 있는 내용을 많이 쓰는 것이 중요해요.

국어, 사회, 역사, 수학, 과학 같은 과목의 경우 간혹 짧은 논술형 문항이 서술형 평가 문항으로 제시되기도 해요. 논술형 문항은 서술형 문항과 유사하지만 정해진 정답이 있지 않고 분량도 조금 많고, 여러분의 생각이나 주장을 창의적이고 논리적이면서 설득력 있는 내용으로 작성하는 글쓰기예요.

★ 학생이 답을 직접 작성하는 서술형 평가

서술형과 논술형 문항은 서답형 문항에 속해요. 서답형 문항은 여러분이 답을 선택하는 것이 아니라 답을 글로 직접 작성하는 것을 뜻하며, 서답형 문항에 속하는 문항 유형에는 단답형, 서술형, 완성형(괄호형 포함), 논술형(essay)이 있어요. 중학교 시험지에는 객관식은 선다형, 주관식은 서답형이라고 표현해요.

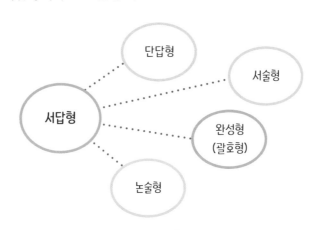

여기에서는 서술형과 서술형에 속하는 논술형 문항으로 이루어지는 평가에 대해 자세히 알아볼 건데, 여러분이 궁금해할 것 같아서 단답형과 완성형(괄호형 포함) 문제도 맛보기 예시로 살짝 보여줄 거예요.

한 가지 더 알아 두어야 할 것이 있어요. 서술형 평가는 여러분이 가지고 있는 복합적 인지 능력이나 고차원적인 사고 능력을 평가하기 위한 평가이므로, 다음과 같은 능력을 평가하기 위해 문항을 출제하고 있어요.

- 지식을 조직하거나 통합 또는 종합하는 능력
- 정보를 해석하는 능력
- 정보를 바탕으로 주장 혹은 설명하는 능력
- 주장을 평가하는 능력
- 독창적이고 창의적인 방법으로 문제를 해결하는 능력 등

한마디로 서술형 평가는 글쓰기를 통해 위의 능력들을 펼쳐야 한다고 생각하면 돼요.

서술형 평가에서
고득점 잡는 글쓰기

2015 교육과정에서는 지필평가 서답형 중 30% 이상을 차지하는 서술형 평가

2022 교육과정에서는 서술형 평가가 90% 이상을 차지할 예정

2015 교육과정을 배우는 현재, 중간고사나 기말고사 시험문제에서 서답형 평가는 50% 이상의 비율로 출제되고 있어요. 학교에 따라, 과목에 따라 출제 비율이 다소 차이가 나기도 하지만 50%는 반드시 지켜져야 하고, 그중 30%는 서술형 평가로 출제되는데 이때 30%는 문항 수 비율일 수도 있고, 점수 비율일 수도 있어요.

2022년에 개정되는 새로운 교육과정에서는 서술형 평가 비율이 지금보다 더 많아질 거라고 해요. 왜냐하면 OECD*에서 21세기 네 가지 핵심 능력인 '비판적 사고력', '판단력', '창의적 문제해결력', '글쓰기'를 학교에서 꼭 가르쳐야 한다고 선정했기 때문이에요.

그중 글쓰기는 비판적 사고력이나 판단력, 문제해결력을 비롯해 다양한 능력들을 키울 수 있는 아주 중요한 활동이기 때문에 세계 각 나라에서는 글쓰기 교육에 큰 비중을 두고 지도하고 있어요. 아는 것을 글로 표현할 수 있는 사람으로 키우기 위해서지요. 그러니 여러분이 지녀야 할 능력 중 글쓰기 능력은 앞으로 한층 더 중요해질 거예요.

더군다나 서술형 문항의 배점은 보통 평가 문항보다 2~3배 이상 높기 때문에 서술형 문

---

* OECD (Organization for Economic Cooperation and Development, 경제협력개발기구)는 회원국 및 개발도상국의 경제 성장, 세계 무역 확대, 세계 경제 발전 등을 목표로 1961년 발족한 국제기구이다.

제에서 좋은 점수를 받으면 그만큼 시험 점수가 높아질 수 있어요. 그래서 글쓰기를 잘하는 친구들이 서술형 점수를 높게 받으며 좋은 성적을 유지한답니다.

따라서 미리미리 서술형 평가에 대비해 두는 게 좋아요. 그런데 어떻게 대비하냐고요? 바로 서술형 평가 대비 글쓰기를 통해서 차곡차곡 실력을 쌓아 나가면 돼요. 그리고 서술형 평가는 글쓰기만 조금 더 신경 써서 잘해 두면 부분 점수를 받을 수 있기 때문에 오히려 성적 관리는 더 잘할 수 있어요. 좀 더 구체적으로 설명하면, 선다형(객관식) 문항은 답을 잘못 고르면 고스란히 점수를 놓쳐 버리지만, 서술형 평가는 부분 점수를 받을 수 있으니 답을 쓰지 않거나 전혀 관계가 없는 답을 쓰지 않는 한 0점을 맞을 확률은 거의 없어요.

그럼 이제 서술형 평가 글쓰기 훈련에서 〈유형별 서술형 평가〉와 〈교과별 서술형 평가〉의 예를 통해 서술형 평가를 잘하기 위한 글쓰기에 대해 좀 더 자세히 알아볼게요.

★ 서술형 평가를 잘하려면

첫째, 평소 독서를 많이 해야 해요!

서술형 평가를 잘하려면 초등학교 때부터 다양한 분야의 책을 골고루 읽어서 배경지식을 든든하게 갖춰 놓는 것이 중요해요. 머릿속에 든 지식과 어휘가 많아야 언제든지 필요한 내용을 꺼내 글쓰기에 활용할 수 있으니까요. 책을 읽는 것이 어렵다는 친구들도 있는데 독서는 꼭 책으로만 할 수 있는 것은 아니에요. 각종 미디어와 시청각 자료, 신문, 잡지 등을 통해서도 배경지식을 쌓을 수 있고, 요즘엔 오디오북을 통해 책을 읽을 수도 있어요.

둘째, 평소 대화를 통해 표현력을 키워요!

가족이나 친구들과 평소에 대화를 많이 나누는 것도 서술형 평가를 잘하는 데 도움이 돼요. 다른 사람과 대화를 하다 보면 자신의 생각을 정리하고 이해할 수 있게 돼요. 조리 있게 말하려고 노력하는 사이에 표현력이 좋아지게 되므로 대화를 하면서 저절로 표현력을 기르게 되는 거예요. 그리고 그 표현력은 글쓰기에 그대로 반영되기 때문에 '말을 잘하는 사람은 글도 잘 쓴다'는 말이 나오게 된 거랍니다.

셋째, 올바른 문장을 따라 쓰며 표현력을 키워요!

학생들이 작성한 서술형 답안을 채점하다 보면 안타까운 경우가 많아요. 뭔가를 열심히는 썼는데 앞뒤 말이 안 맞거나, 비문(문법에 맞지 않는 문장)이 많아 의미 전달이 제대로 안 되어 감점을 당하거나 틀리는 경우예요. 평소에 글쓰기에 자신이 없는 친구들이라면 따라 쓰기 훈련을 추천해요. 책이나 교과서, 매체 등에 쓰인 올바른 문장을 따라 쓰는 훈련을 하면 맞춤법과 올바른 표현과 문법까지도 익힐 수 있어요.

넷째, 문제를 정확히 읽고 요구하는 답을 써요!

서술형 평가에서 가장 정확하게 해야 하는 것은 바로 문제를 정확히 읽고 출제자가 요구하는 것이 무엇인지를 파악하는 일이에요. 학생들 중에 시험이 끝나고 나서 문제를 잘못 읽어서 엉뚱한 답을 썼다고 속상해하는 친구들이 의외로 많아요. 서술형 답안 작성 시에는 문제를 바르게 이해한 뒤 〈조건〉이나 〈요구〉에 맞는 내용을 써야 한다는 것을 꼭 기억하세요.

다섯째, 자신의 생각을 명확하게 담아 써요!

생각이나 의견을 요구하는 서술형 답안을 작성할 때는 자신의 생각과 의견을 명확하게 담아 써야 해요. 생각을 쓰라고 했는데 정보를 쓰거나, 명확한 의견을 제시하라고 했는데 단순한 사실을 쓰면 감점이 돼요. 또, 불필요한 말이나 같은 말을 반복하며 정작 정답에 필요한 중요 내용을 빼놓으면 아무리 열심히 길게 써도 좋은 점수를 받을 수 없어요.

여섯째, 글씨는 또박또박, 띄어쓰기와 맞춤법에 맞게 써요!

선생님들이 서술형 답안지를 채점할 때면 학생이 쓴 글씨를 알아볼 수 없거나, 맞춤법이나 띄어쓰기가 틀린 단어와 문장 때문에 맞게 해야 할지, 부분 점수를 줘야 할지, 아니면 아예 틀렸다고 해야 할지 곤란한 경우가 자주 있어요. 그럴 때는 동료 선생님들과 답안지를 놓고 최대한 학생들에게 불이익이 돌아가지 않도록 판단하려고 의논을 하지만 어쩔 수 없이 감점이 이루어지는 경우가 많답니다. 그러니 글씨는 또박또박, 띄어쓰기와 맞춤법에 맞게 쓰는 것도 꼭 기억해야 해요.

DAY 22

서술형 평가 ①
조건·상황이 주어진 글쓰기 훈련

서술형 평가 문항 중 조건과 상황이 주어지는 문제는 보통 '지문(제시문)'과 '지문+표 〈보기〉'가 나오고 이를 바탕으로 학생들이 문항에 적절하게 답할 수 있도록 대체로 다음과 같은 유형으로 문제가 만들어져요.

- 내용 정리하기
- 내용 요약하기
- 이야기 창작하기
- 두 대상과 내용 비교하기
- 자료를 해석하여 제시하기
- 가설 세우고 결과 예측하기
- 문제 해결하는 과정 설명하기
- 주어진 답지를 선택해 재구성하기

따라서 조건과 상황이 주어질 때는 제시문과 조건을 꼼꼼하게 읽고 글을 써야 해요. 이 때, 쓸 내용은 제시문(제시되는 글)에서 정답의 힌트를 얻어 구성하면 좋은 점수를 받을 수 있다는 걸 꼭 기억하세요.

다음 제시문을 읽고 문제를 한번 풀어 보고, 예시 답안과 채점 기준을 보고 선생님 말이 맞는지 확인해 보세요.

나이가 드니 몸 여기저기가 쑤시고 아픈 날이 많아진다. 오늘도 허리와 무릎이 아파 한의원에 가서 침을 맞고 물리치료를 받고 왔다. 집에 돌아오니 거실이 심하게 어질러져 있고 빨래가 쌓인 것도 보인다. 세탁기에 빨래를 돌리고 거실을 대충 치우고 나니 기운이 너무 빠져 아무래도 저녁 준비를 하기 힘들 것 같았다. 아들도 저녁을 먹여야 해서 배달음식을 시켰다. 방에 있는 아들에게 엄마 좀 누워 있을 테니 40분 뒤에 음식이 오면 받아 달라고 부탁을 했다. 그러고는 까무룩 잠이 들었다. 일어나 보니 시간이 1시간 반이나 지나 있었다. 거실 불이 꺼져 있어서 아들이 어딜 갔나 싶어 방문을 열어 보니 친구와 전화하며 컴퓨터 게임을 하고 있었다.

　　"현중아."
　　"어? 엄마?"
　　"음식 왔을 텐데 초인종 소리 못 들었어?"
　　"아, 내가 이어폰 끼고 있어서 못 들었나 봐."
　　"엄마가 40분 뒤에 온다고 했잖아. 엄마 밥 먹고 약 먹어야 하는데…."
　　"그럼 알람을 맞춰 놓지 그랬어?"
　　"문 앞에 음식 와 있을 거야. 가져와 줘."
　　"나 지금 친구와 통화 중인데 엄마가 가져오면 안 돼?"
　　"엄마가 지금 너무 힘들어서 그래."

　　그러자 현중이가 짜증스럽게 말하더니 휙 일어나 밖으로 나갔다. 다 식고 불은 음식이 든 봉투를 들고 와 식탁에 던지듯이 탁! 놓고는 방으로 들어가 버렸다.

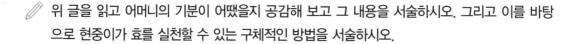 위 글을 읽고 어머니의 기분이 어땠을지 공감해 보고 그 내용을 서술하시오. 그리고 이를 바탕으로 현중이가 효를 실천할 수 있는 구체적인 방법을 서술하시오.

 이 문제는 지식을 묻는 문제가 아니에요. 여러분이 어머니의 기분에 공감하는 내용을 서술하고, 어머니의 기분에 공감한 내용을 바탕으로 효를 실천할 수 있는 구체적인 방법을 생각해서 글을 써야 해요. 이 문제에 대한 평가 요소와 채점 기준을 꼼꼼히 읽어 보면 어떻게 답을 써야 하는지 힌트를 얻을 수 있을 거예요.

채점 기준 (예시)	배점
어머니의 입장에 대한 공감과 현중이가 효를 실천할 수 있는 구체적인 방법을 제시하였다.	5
어머니의 입장에 대한 공감이 다소 불충분하거나 현중이가 효를 실천할 수 있는 방법을 추상적으로 제시하였다.	3
어머니의 입장에 대한 공감은 부적절하지만, 현중이가 효를 실천할 수 있는 방법을 구체적으로 제시하였다. (혹은 어머니의 입장에 대한 공감을 잘 제시하였지만 현중이가 효를 실천할 수 있는 방법을 부적절하게 제시하였다.)	1
어머니의 입장에 대한 공감이 부족하고, 현중이가 효를 실천할 수 있는 방법을 부적절하거나 미흡하게 제시하였다.	0

 채점 기준을 잘 읽어 보았나요? 그럼 이번에 여러분이 직접 답을 작성해 보고, 선생님이 제시해 주는 예시 답안과 비교해 보세요.

예시 답안

내가 현중이 어머니 입장이었다면 몸도 아픈데 엄마에게 관심이 없고, 집안일도 안 도와주고 퉁명스럽게 대하는 아들 때문에 너무 서글프고 서운했을 것 같다. 늙어가면서 여기저기 몸이 아픈 것도 서러우셨을 텐데 그래도 가족을 위해 집안일을 하시고 아들에게 밥을 먹이기 위해 신경을 쓰시는 어머니를 위해 현중이는 무엇보다도 평소에 어머니 입장에서 생각하는 습관과 어머니께 예의 바르게 말하는 태도를 길러야 한다. 그래서 최소한 어머니가 서운해하실 말은 하지 않도록 해야 하며 어머니를 도와드려야한다. 그리고 아무리 중요한 일을 하고 있더라도 어머니께 예의를 지키고 공손한 태도를 갖도록 해야 한다.

✏️ 다음 신문 기사를 읽고 물음에 답하세요.

　　중국 방송들의 한류 표절이 심각한 수준이다. 단순한 아이디어 도용 차원이 아니라 프로그램 콘셉트, 의상, 배우들까지 대놓고 베끼는 상태이다. 중국 방송사는 훔친 포맷으로 버젓이 후속 시즌을 제작하는가 하면 해외에 수출까지 하고 있다. tvN '삼시세끼', '윤식당', '쇼미더머니', JTBC '효리네 민박', MBC '무한도전', SBS '영재발굴단', '판타스틱 듀오' 등 한국 인기 예능 프로그램 포맷이 소리 소문 없이 도둑질당했다.

　　'효리네 민박'을 표절한 중국 예능 '친애적객잔'은 포스터까지 표절해 방송에 앞서 대대적인 홍보를 하기도 했다. 또 다른 표절 프로그램은 tvN '윤식당'을 도용했다는 논란을 낳은 '중찬팅'이다. 심지어 이 프로그램은 중국 대형 방송사인 후난위성 TV 제작이다. tvN '윤식당' 정유미의 패션마저 그대로 가져간 후난위성 TV의 '중찬팅'은 방영 첫 회부터 동 시간대 시청률과 화제성을 잡으며 큰 인기를 끌고 있다.

'효리네 민박' 포스터와 중국 '친애적객잔' 포스터 ｜ '윤식당' 포스터와 중국 '중찬팅' 포스터

출처: https://www.ajunews.com/view/20180622105822721

① 아래 내용을 반영하여 위 사례에서 침해된 지식 재산권의 의미를 서술하세요.

　저작권이란 문학, 학술, 또는 예술의 영역에 있는 창작물에 저작자가 가지는 권리를 말한다. 또, 권한이 없는 타인이 무단으로 복제, 공연, 전시, 배포하거나 2차적 저작물을 작성하는 행위를 금지하는 권리를 말한다.

이 신문 기사 내용은 저작권의 침해를 당한 사례이다. 저작권은 문학, 학술, 또는 예술의 범위에 속하는 창작물에 저작자가 가지는 권리를 말하며 권한이 없는 타인이 무단으로 복제, 공연, 전시, 배포하거나 2차적 저작물을 작성하는 행위를 금지하는 권리를 말한다. TV 프로그램 포맷 역시 이러한 저작권의 보호를 받기 때문에 우리나라 프로그램을 표절하는 것은 명백한 저작권 침해에 해당된다.

❷ 위 사례처럼 일상생활 속에서의 저작권 침해 사례를 두 가지 이상 찾아 쓰세요.

겨울철 길거리 BEST 음식은 무엇일까?

날씨가 추워지면 사람들은 두꺼운 옷과 목도리로 온몸을 꽁꽁 싸매고 바쁘게 걸어간다. 그런데 지나가다 발걸음을 멈추게 하는 길거리 음식들이 있다. 여러 가지 음식 중 겨울철 인기 있는 길거리 음식은 무엇일지 검색하여 분석해 보자.

타코야끼	호떡

✎ 겨울철 인기 길거리 음식이 무엇인지 파악하기 위하여 위에서 제시된 타코야끼, 호떡 이외에 ㉠겨울철 인기 음식 3가지를 선정하고 ㉡선정한 근거를 제시하세요.

㉠ 붕어빵, 계란빵, 어묵
㉡ 겨울철 인기 길거리 음식에 대해 검색해 보니 붕어빵, 계란빵, 어묵 등을 찾을 수 있었기 때문이다.
  (또는, 겨울철 거리를 다니다 보면 붕어빵, 계란빵, 어묵 등을 파는 포장마차를 많이 볼 수 있기 때문이다.)

✎ 앞에서 선정한 음식을 검색한 후, 〈조건〉을 고려하여 음식(타코야끼, 호떡 포함)과 연관되는 이미지를 찾고, 그 이미지를 선정한 이유를 쓰세요.

> 조건 　• 음식과 연관되는 이미지를 선정한 이유를 설명하세요.

음식명	연관되는 이미지	연관되는 이미지 선정 이유
호떡	보름달	호떡 모양이 보름달처럼 둥글게 생겼기 때문에

DAY 23

서술형 평가 ②
진술하는 글쓰기 훈련

　서술평 평가 문항 중 '진술하는 방식의 글쓰기'가 있어요. 진술하기는 어떤 일이나 상황에 대하여 자세하게 이야기하거나 여러 사람에게 자신의 의견을 이야기하는 방법의 글쓰기예요. 앞에서 이야기한 '조건과 상황이 주어진 글쓰기'도 넓게 보면 진술하는 글쓰기에 포함되지만, 진술하는 글쓰기는 보통 조건이나 상황이 주어지지 않고 오롯이 생각이나 의견을 글로 쓰는 것을 말해요.

　진술하는 글쓰기는 학교 수업 시간에 가장 많이 하는 글쓰기 활동이기도 해요. 중학교에 들어오면 가장 먼저 쓰는 자기소개 글도 진술하는 글쓰기이고, 동영상이나 신문 기사를 보고 생각이나 느낌을 쓰는 것도 진술하는 글쓰기예요.

진술하는 서술형 평가 글쓰기 ①

✎ **살면서 가장 기뻤던 일을 떠올리고 시기와 장소, 느낌 등을 구체적으로 써 보세요.**

초등학교 3학년 운동회 때 우리 반 대표로 400m 계주 선수로 뛰었는데, 우리 반에서 가장 잘 뛰는 아이가 다리를 다쳐 내가 4번 주자로 뛰게 되었다. 내가 못 뛰어서 혹시 우리 반이 좋은 결과를 얻지 못하면 어떻게 하나 가슴이 조마조마하고 떨렸었다.
3번 주자였던 영수가 두 번째로 나에게 바통을 전해 주었고, 나는 젖 먹던 힘까지 다해 뛴 결과 1등으로 들어오게 되었다. 우리 반이 1등을 하자 반 친구들이 나를 안고 헹가래를 쳐 주었다. 그때 공중으로 떠오르며 파란 하늘과 구름을 보았을 때 정말 기뻤다.

✎ **청소년의 정치 참여에 대해 어떻게 생각하는지 자신의 의견을 써 보세요.**

저는 청소년이 사회의 한 구성원으로서 정치에 참여하게 된다면 민주 시민으로서의 책임 의식을 가질 수 있을 거라고 생각합니다.

✎ **오늘 아침 등굣길에 보았던 것, 만난 사람, 있었던 일들을 소개해 보세요.**

오늘 아침 학교에 오는 길에 폐지를 줍는 할머니와 그 옆에서 할머니를 따라다니는 강아지를 보았다. 추운 날씨에 허리를 구부리고 폐지를 줍는 할머니가 불쌍해서 엄마가 싸 주신 우유와 샌드위치를 드리고 학교에 왔다.

진술하는 서술형 평가 글쓰기 ①

✎ 살면서 가장 기뻤던 일을 떠올리고 시기와 장소, 느낌 등을 구체적으로 써 보세요.

✎ 청소년의 정치 참여에 대해 어떻게 생각하는지 자신의 의견을 써 보세요.

✎ 오늘 아침 등굣길에 보았던 것, 만난 사람, 있었던 일들을 소개해 보세요.

진술하는 서술형 평가 글쓰기 ②

✎ 다음 사진 중에서 나의 마음을 표현하고 싶은 사진을 1장 고르고, 사진을 보고 떠오르는 생각을 글로 쓰세요.

내가 고른 사진 소개하기	사진을 보고 떠오르는 생각 쓰기
내가 고른 사진은 첫 번째 사진으로 불꽃놀이 장면이다.	다양한 색깔의 불꽃이 팡팡 터지고 있는 모습을 보니 속 시원한 느낌이 든다. 꼭 내 마음속에 감추고 있는 화나고 속상한 감정들이 터지는 것 같다.

✎ 위에서 서술한 생각을 바탕으로 비유를 활용해 시로 표현해 보세요.

> 조건 • 직유와 의인의 표현을 각각 1개씩 담아 표현할 것

제목: 불꽃놀이

팡~팡~ 터진다.
시원하게 터진다.

빨강 파랑 옷을 입은(의인) 큰 불꽃이
초록 보라 모자를 쓴(의인) 작은 불꽃이

권투선수가 날리는 강력 펀치처럼(직유)
내 마음속을 시원하게 때린다.

진술하는 서술형 평가 글쓰기 ②

✏ 다음 사진 중에서 나의 마음을 표현하고 싶은 사진을 1장 고르고, 사진을 보고 떠오르는 생각을 글로 쓰세요.

내가 고른 사진 소개하기	사진을 보고 떠오르는 생각 쓰기

✏ 위에서 서술한 생각을 바탕으로 비유를 활용해 시로 표현해 보세요.

> 조건　　• 직유와 의인의 표현을 각각 1개씩 담아 표현할 것

제목: ＿＿＿＿＿＿＿＿＿＿＿＿＿＿＿＿＿＿

DAY 24

서술형 평가 ③
비교·대조하는 글쓰기 훈련

    비교와 대조는 두 가지 이상의 대상을 서로 견주어 설명하기에 좋은 방법이에요. 즉, 설명하고자 하는 대상과 성질이 다른 대상을 끌어다가 서로 비교하거나 대조하여 그 특징을 드러냄으로써 읽는 이의 이해를 돕기 위해 사용하는 설명 방법이죠. 비교와 대조하는 서술형 문제는 대부분의 교과에서 출제되기 때문에 이번 기회에 비교와 대조에 대해 잘 알아두고, 서술형 평가에 대비하기 바래요.

> • 비교: 두 가지 이상의 대상에서 공통점을 찾아 설명하는 것
>
> • 대조: 두 가지 이상의 대상에서 차이점을 찾아 설명하는 것

    비교와 대조가 뭔지 정확히 알고 있고, 자신이 알고 있는 내용을 글로 표현할 수 있으면 서술형 평가는 별로 어렵지 않을 거예요. 비교하거나 대조하는 활동은 학생들이 매우 재미있어하는 활동이기 때문에 아마 여러분도 재미있게 할 수 있을 거예요.

    그럼 유사점이나 차이점을 찾아 비교하거나 대조하여 서술하는 문제에 대한 연습을 해보도록 해요. 찬찬히 잘 읽고 시작해 보세요.

비교·대조하는 서술형 평가 글쓰기 ①

✎ (가)와 (나)를 비교와 대조의 방법으로 설명해 보세요.

(가) 	(나) 
호랑이는 독립된 생활을 한다.	사자는 무리 지어 생활한다.

⊙ 비교하여 설명하기

　호랑이와 사자는 둘 다 고양잇과이며 육식 동물이다.

⊙ 대조하여 설명하기

　호랑이는 독립된 생활을 하지만 사자는 무리를 지어 생활한다.

✎ (가)와 (나)를 비교와 대조의 방법을 모두 써서 서술해 보세요.

① 호랑이와 사자는 육식 동물이며 고양잇과라는 공통점이 있고, 호랑이는 독립생활을 하지만 사자는 무리 지어 생활한다는 차이점이 있다.

② 호랑이와 사자의 공통점은 둘 다 육식 동물이고 고양잇과라는 점이고, 차이점은 호랑이는 독립생활을 하지만 사자는 무리 지어 생활한다는 점이다.

 답은 ①처럼 써도 되고 ②처럼 써도 됩니다.

비교·대조하는 서술형 평가 글쓰기 ①

✎ 강아지와 고양이에 대해 공통점과 차이점을 각각 설명하세요.

❶ 비교하기(공통점)

❷ 대조하기(차이점)

✎ 수학 교과와 과학 교과의 공통점을 찾아 설명하시오.

✎ 다리의 개수를 기준으로 낙지와 오징어의 차이점을 설명하시오.

비교·대조하는 서술형 평가 글쓰기 ②

✎ 바흐와 헨델의 음악사적 공통점과 차이점을 설명하세요.

바흐와 헨델은 바로크 시대를 대표하는 세기의 음악가라는 공통점이 있고, 바흐는 음악의 아버지, 헨델은 음악의 어머니라 불린다는 차이점이 있다.

✎ 위의 예시를 보고 농구와 축구의 공통점과 차이점을 한 문장으로 서술하세요.

✎ 〈조건〉에 맞게 초등학교와 중학교의 공통점과 차이점을 서술하세요.

조건
① 한 문장으로 비교하여 설명할 것
② 한 문장으로 대조하여 설명할 것
③ ①과 ②를 합쳐 한 문장으로 서술할 것

① 비교하기:

② 대조하기:

③ 비교·대조하기:

서술형 평가 ④
분석하는 글쓰기 훈련

'분석'의 뜻을 사전에서 찾아보면 다음의 세 가지 의미가 나옵니다.

1. 얽혀 있거나 복잡한 것을 풀어서 개별적인 요소나 성질로 나눔
2. 개념이나 문장을 보다 단순한 개념이나 문장으로 나누어 그 의미를 명료하게 함
3. 복잡한 현상이나 대상 또는 개념을, 그것을 구성하는 단순한 요소로 분해하는 일

따라서 분석하는 글쓰기는 1~3의 내용에 맞는 글쓰기에 해당된다고 보면 돼요. 아직 초등학생인 여러분은 다소 어렵다고 생각할 수 있는데 중학교에서 분석하는 글쓰기는 그리 복잡하고 어려운 내용을 다루지 않으니, 이번 장에서 선생님이 소개하는 〈분석하는 글쓰기 예시〉를 잘 읽고 분석하기에 대해 쉽게 이해하면 좋겠어요. 다음은 앞서 분석의 뜻 중 2번에 의해 분석하여 답을 쓴 거예요.

 분석하는 글쓰기 (예시)

✎ 다음 문장을 음절 단위로 나누어 설명하시오. (※음절: 말소리의 최소 단위(글자 1자))

> 나는 아침에 줄넘기를 한다.
>
> ▷ "나는 아침에 줄넘기를 한다."라는 문장을 음절 단위로 나누면, '나', '는', '아', '침', '에', '줄', '넘', '기', '를', '한', '다'로 나뉘어진다.

분석하는 서술형 평가 글쓰기 ①

✏️ 물고기의 모양을 분석의 방법으로 설명하세요.

▷ 물고기는 머리, 몸통, 꼬리, 지느러미로 이루어져 있다.

✏️ 이번에는 물고기의 모습을 자세히 관찰한 후 〈예시〉처럼 분석해서 쓰세요.

구분	특징에 대한 설명
전체적인 모양, 크기, 색깔	예시 물고기 크기는 가로가 약 15cm 정도이고, 배 부분이 통통하게 볼록 솟아 있으며, 색깔은 흰색과 붉은색이 섞여 있으나 전체적으로 붉은색 물고기라고 말할 수 있다.
머리 모양	
몸통 모양	
꼬리 모양	
지느러미 모양	
눈 모양	

✏️ 위에서 기록한 특징의 설명을 합해 물고기 모습을 설명하는 글을 완성하세요.

분석하는 서술형 평가 글쓰기 ②

✎ 다음은 미술 시간에 배우는 '드로잉' 기법에 대한 내용을 잘 읽고 물음에 답하세요.

> ### 드로잉
>
> 미술에서 드로잉은 데생 또는 소묘와 동일한 개념으로 사용된다. 드로잉은 그림을 그리는 이가 표현하고자 하는 이미지에 대하여 색보다는 선으로 묘사하는 그림으로, 스케치가 실제 대상을 보고 그리는 것이라면, 드로잉은 머릿속의 생각을 그리는 것이다.

✎ 다음 드로잉 작품을 관찰하고 물음에 답하세요.

1. 작품을 보고 느낀 점을 쓰세요.
▷

2. 표현할 때 주된 요소(조형 요소)는 무엇인가요?
▷

3. 무엇을 표현한 것일까요?
▷

✎ 다음 그림은 무엇을 표현한 것인지 설명하는 글을 쓰세요.

▷

▷

분석하는 서술형 평가 글쓰기 ③

✎ 다음 시계를 이루고 있는 부품을 중심으로 분석의 방법으로 설명하세요.

▷ 시계는 사각형 모양으로 둘러싸인 갈색 나무판 테두리 안에 흰색 숫자판이 붙여져 있고, 1부터 12까지의 검정색 숫자와 가운데 동그란 버튼에 눌린 시침과 분침, 초침으로 이루어져 있다.

✎ 다음 컴퓨터를 이루고 있는 부품을 중심으로 분석의 방법으로 설명하세요.

▷

✎ 다음 글을 읽고 내용을 분석하여 물음에 답하세요.

코이카(KOICA)는 한국국제협력단(Korea International Cooperation Agency)의 영어 약자로, 우리 정부가 개발도상국에 도움을 주기 위해 1991년 4월에 설립한 기관입니다. 이 기관은 개발도상국들의 빈곤과 가난을 퇴치하고 경제와 사회 발전을 지원하며, 국가 간 우호를 다지고 협력하기 위해 만들어졌습니다. 다른 국제 협력 민간단체와 달리 코이카는 정부가 직접 다른 국가를 돕고 협력하기 위해 만든 공식적인 기구입니다.

❶ '코이카'를 설립한 이유는 무엇인가요?

....

....

❷ '코이카'가 하는 일 3가지를 찾아 쓰세요.

....

....

....

DAY 26

서술형 평가 ⑤
창작하는 글쓰기 훈련

'창작하는 글쓰기'는 국어 교과를 비롯해 여러 교과에서 여러분의 상상력과 창의력을 키우기 위해 많이 시도하는 글쓰기예요. 수업 시간에 어떤 활동을 하기 전이나, 활동을 하는 중, 활동을 하고 나서 여러분의 생각을 묻거나 느낌을 쓰도록 하는 글쓰기도 창작하는 서술형 평가에 속하는 활동이에요.

그런데 자신은 창의력이 부족하다면서 창작하는 글쓰기를 매우 어려워하는 친구들이 의외로 많아요. 그래서 생각이나 느낌을 쓰라고 하면 단어만 쓰거나 완성된 문장으로 쓰지 못하는 친구들도 있고, 어찌어찌 쓰더라도 한두 줄 이상을 쓰지 못하는 경우가 많아요. 분량을 채우지 못하면 서술형 평가의 경우 감점이 발생하는데, 충분히 쓰지 못해 낮은 점수를 받는다면 참 속상하겠죠?

그래서 여기에서는 여러분의 머릿속에서 생겨나는 생각이나 느낌을 자유롭게 써 보는 활동을 통해 창작하는 서술형 평가 글쓰기를 훈련해 볼 거예요. 여러분은 '나도 생각을 잘 할 수 있어!'라는 마음가짐만 가지면 돼요. 준비됐나요? 그럼 시작해 보도록 해요.

창작하는 서술형 평가 글쓰기 ①

✏ 아래 빈칸에 '창작' 하면 떠오르는 단어 두 개와 생각 두 문장을 써 보세요.

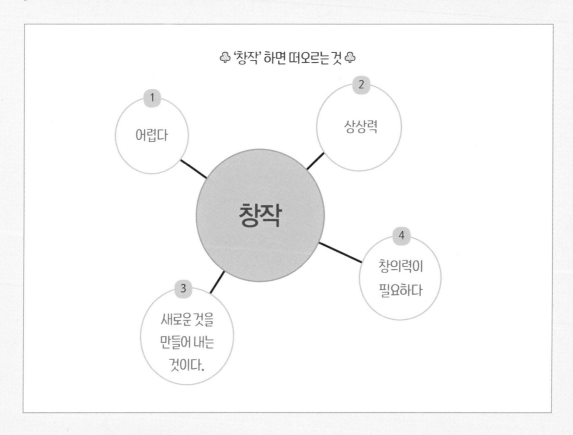

♧ '창작' 하면 떠오르는 것 ♧

1 어렵다

2 상상력

창작

4 창의력이 필요하다

3 새로운 것을 만들어 내는 것이다.

✏ 위에 쓴 단어와 생각들을 모아 내가 생각하는 '창작'이란 무엇인지 글로 표현해 보세요.

창작이란? ➤ 새로운 것을 만들어 내는 것이다. 그런데 상상력과 창의력이 필요하기 때문에 어렵다.

이렇게 단어나 생각들을 먼저 써 보고, 단어와 생각을 모아 문장으로 써 보면 쉽게 글을 쓸 수 있어요. 이때, '그리고'나 '그러나' 등과 같은 이어 주는 말이나 떠오르는 다른 단어나 생각들을 합쳐서 글을 쓰면 훨씬 풍부하고 긴 글을 쓸 수 있어요. 중요한 건 여러분의 마음속에 떠오르는 생각들을 자유롭게 쓰는 거예요.

창작하는 서술형 평가 글쓰기 ①

✏️ 아래 빈칸에 '예술' 하면 떠오르는 단어 두 개와 생각 두 문장을 써 보세요.

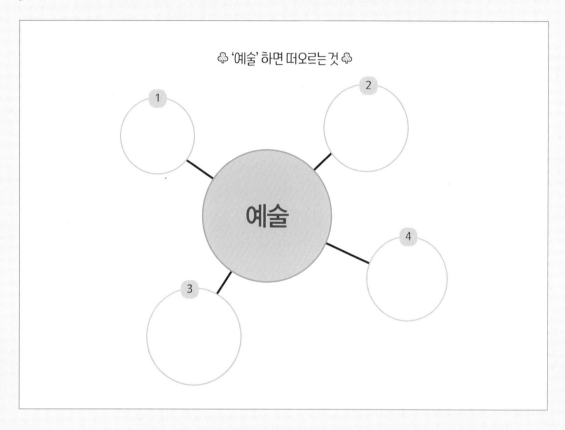

🍄 '예술' 하면 떠오르는 것 🍄

예술

✏️ 위에 쓴 단어와 생각들을 모아 내가 생각하는 '예술'이란 무엇인지 글로 표현해 보세요.

예술이란?

 글은 머릿속에 있는 생각하는 탱크(주머니)에서 몽글몽글 솟아나는 여러 가지 생각이나 느낌들을 적절히 풀어내서 쓰는 것이에요. 그렇기 때문에 생각하는 힘이 강하고 많은 사람은 글도 그만큼 수월하게 쓸 수 있답니다.

✎ 학교에 갔다가 돌아오니 동생처럼 아끼는 야옹이가 아파서 눈도 못 뜨고 축 늘어져 있습니다.
어떻게 해야 할까요? 마음속에 떠오른 생각을 20자 내외로 쓰세요.

▷

✎ 다음 글을 읽고 흥미롭고 재미있는 뒷이야기를 창작하여 이어 써 보세요.

나는 올해 중학교 1학년이 되었다. 중학생이 된 첫날, 학교에 가는 길이 유난히 설렜다.
심장이 콩닥콩닥 뛰기도 하고 마음 가득 두근거림이 일어났다. '선생님은 어떤 분일까?' '친
구들은 착할까?' 이런저런 생각들을 하며 교실 문을 들어섰다.

선생님께서 교실 문 앞에 자리 배치표를 붙여 놓으셨고 책상에도 이름을 붙여 놓으셔서
자리를 찾는 것은 별로 어렵지 않았다. 내 자리는 가운데 네 번째 줄 오른쪽이었다. 교실엔
벌써 반 이상의 자리에 새로운 친구들이 앉아 있었고, 나처럼 교실로 들어오는 아이들로 분
주한 분위기였다.

나는 교실을 한 번 둘러본 뒤 힘찬 발걸음으로 내 자리를 찾아갔다. 내 옆자리엔 벌써 내
짝으로 보이는 남자아이가 앉아 있었다. 내가 다가가 의자를 빼자 고개를 숙이고 책을 보
고 있던 그 아이가 눈을 들어 나를 쳐다보았다. 그 순간, ⋯⋯⋯⋯⋯⋯⋯⋯⋯⋯⋯⋯⋯⋯⋯⋯⋯

⋯⋯⋯

⋯⋯⋯

⋯⋯⋯

⋯⋯⋯

⋯⋯⋯

✎ 〈보기〉처럼 시간적 배경, 공간적 배경, 등장인물, 사건을 만들어 보세요.

보기

시간적 배경	공간적 배경	등장인물	사건(경험)-상상
2022년 3월 2일 중학교 1학년이 시작되는 1일째	샛별중학교 교문 앞, 1학년 1반 교실	민아: 주인공. 샛별중학교 1학년에 입학한 신입생. 달리기를 잘하고, 떡볶이와 김밥을 가장 좋아하는 평범한 여학생. 수혁: 5학년 때 민아와 같은 반이었는데 별로 친하지 않음. 중학교에서 같은 반, 짝꿍이 된 남학생. 그 외 1학년 1반 학생들	샛별중학교에 입학한 민아는 등교 첫날, 교문을 들어서다 실수로 가방을 떨어뜨린다. 한 남학생이 가방을 주워 가방에 묻은 흙을 털어 건네주고는 훌쩍 가버린다. 교실에 들어와 자신의 이름이 붙여진 자리에 앉으며 슬쩍 짝꿍을 쳐다봤는데 헉! 아까 가방을 주워 준 남학생이다.

시간적 배경	공간적 배경	등장인물	사건(경험)-상상

✎ 시간적 배경, 공간적 배경, 등장인물, 사건을 바탕으로 이야기를 만들어 보세요.

제목: ＿＿＿＿＿＿＿＿＿＿＿＿＿＿＿＿＿

과목별 서술형
평가 엿보기

DAY 27

과목별 서술형 평가

지금까지 중학교에서 이루어지는 유형별 서술형 평가를 만나 보았는데요, 이번에는 과목별로 이루어지는 서술형 평가 유형을 만나볼 거예요. 초등학생인 여러분은 아직 배운 내용이 아니기 때문에 다소 어려울 수도 있어요. 그러나 여러분이 중학교에 입학하면 곧 치르게 될 과목별 서술형 평가이기 때문에 미리 살펴보고 알아두는 것이 좋겠지요?

중학교에서 글쓰기로 서술형 평가가 이루어지는 국어, 도덕, 사회, 역사, 수학, 과학, 영어 과목의 수행평가를 차례대로 소개할게요. 그리고 글의 구성을 알고 보면 좀 더 이해가 잘 되기 때문에 Unit별로 내용이 어떻게 구성되어 있는지를 먼저 소개할게요.

Unit (과목명) 서술형 평가 실전 글쓰기

- 그 과목에서 중요하게 다루거나 알고 있어야 할 점, 유의점 등을 소개하거나 안내하는 글

- 서술형 평가 〈예시〉
- 예시 답안
- 마무리 글
- 💡 문제를 해결하는 방법 안내
- 채점 기준 및 배점

그럼 중학교에 가기 전에 과목별 서술형 평가 〈예시〉를 미리 한 번 봐 둔다는 마음으로 한 장 한 장 넘기며 읽어 보세요.

국어 서술형 평가 실전 글쓰기

국어 교과의 서술형 평가에 임할 때에는 글의 내용도 물론 잘 써야 하지만, 맞춤법과 띄어쓰기를 잘 지키며 쓰는 것도 중요해요. '맞춤법이나 띄어쓰기가 틀리면 감점한다'는 부분 점수 조건이 국어과에는 대부분 적용되기 때문이에요. 그럼 맞춤법과 띄어쓰기에 유의하며 국어 서술형 평가 실전 글쓰기를 만나 보도록 해요.

아래 문항은 시를 읽고 글을 쓰는 서술형 평가 문제예요. 시를 잘 읽고 문제가 요구하는 것이 무엇인지 파악한 다음 서술형 글쓰기에 도전해 보세요.

✏️ **다음 시를 읽고 물음에 답하세요.**

> 열무 삼십 단을 이고
> 시장에 간 우리 엄마
> 안 오시네, 해는 시든 지 오래
> 나는 찬밥처럼 방에 담겨
> 아무리 천천히 숙제를 해도
> 엄마 안 오시네, 배춧잎 같은 발소리 타박타박
> 안 들리네, 어둡고 무서워
> 금 간 창틈으로 고요히 빗소리
>
> 빈방에 혼자 엎드려 훌쩍거리던
>
> 아주 먼 옛날
> 지금도 내 눈시울을 뜨겁게 하는
> 그 시절, 내 유년의 윗목
>
> ― 기형도, 「엄마 걱정」

✎ 시의 내용을 파악하기 위해 다음 질문에 간단하게 답해 보세요.

❶ 시에서 '나'는 무엇에 비유되고 있나요? 찬밥

❷ 시에서 어린 시절의 '나'는 무엇을 하고 있나요?
　 시장에 간 엄마를 기다리다 빈방에 혼자 엎드려 울고 있다.

❸ 시의 전체적인 분위기는 어떠한가요? 어둡고 슬프다, 우울하다 등

　자, 그럼 위 내용을 바탕으로 서술형 문제 글쓰기를 해 보세요.

✎ 위 시에서 '나'는 무엇을 하고 있는지 서술하세요.

(1) 1연	
(2) 2연	

 이 문제는 시를 읽고 시 속에서 말하는 이가 무엇을 하고 있는지를 파악한 다음 그대로 글로 쓰면 돼요. 글로 서술한 다음 마침표(.)를 꼭 찍어 주는 것도 잊지 말아요. 다 썼으면 다음에 나오는 예시 답안과 채점 기준을 보고 내가 쓴 답이 몇 점에 해당하는지 채점해 보세요.

예시 답안
(1) 시장에 가서 밤늦게까지 돌아오지 않는 엄마를 방에서 홀로 기다리고 있다.
(2) 자신의 어린 시절을 회상하고 있다.

채점 기준	배점
• (1), (2)를 모두 정확하게 서술한 경우 　(1) 엄마를 기다리고 있다는 내용을 포함하여 서술함 　(2) 자신의 어린 시절(유년시절)을 회상한다, 돌아본다, 생각한다는 의미로 서술함	6점
• (1), (2) 중 하나만 정확하게 서술한 경우	3점
• (1), (2) 모두 정확하게 서술하지 못했거나 시의 구절을 그대로 옮겨 쓴 경우 • 답안 미작성	0점

✎ 시에서 '나'는 자신의 어린 시절을 떠올리며 어떤 감정을 느끼는지 시의 구체적인 표현을 인용하여 쓰세요.

 이 문제는 시적 화자가 어린 시절을 떠올리며 느낀 감정을 파악해서 써야 해요. 그런데 '시의 구체적인 표현 인용'을 꼭 해야 해요. 시의 구체적인 표현을 인용하여 답을 써 보세요.

평소에 다른 사람의 감정에 공감하며 파악하는 연습을 많이 해 둔 친구들은 별 어려움 없이 글을 쓸 수 있었을 거예요. 그럼 예시 답안을 보고 채점해 보세요.

예시 답안

① '지금도 내 눈시울을 뜨겁게 하는'이라는 표현에서 화자가 자신의 어린 시절을 서글펐던 시기라고 생각하며 안타까워함을 알 수 있다.
② 화자는 어린 시절을 외롭고 서글프고 어두웠던 시기로 생각하는데, 이는 '그 시절, 내 유년의 윗목'이라는 표현에 잘 드러나 있다.

채점 기준	배점
• 시에 사용된 구체적인 표현을 근거로 들면서 '자신의 어린 시절을 쓸쓸하고 외롭고 서글프고 어두운 시기라고 생각한다'거나 '어린 시절의 자신을 안타까워한다'는 화자의 감정을 정확하게 설명한 경우	6점
• 구체적 표현을 근거로 들지 않고, 화자가 자신의 어린 시절을 쓸쓸하고 외롭고 서글프고 어두운 시기라고 생각한다는 의미만을 설명한 경우 • 구체적 표현을 근거로 들면서 화자의 관점이나 감정을 정확하게 설명하였으나, 근거로 든 표현이 화자의 감정과 관점을 설명하는 데 적절하다고 보기 어려운 경우	3점
• 구체적 표현을 근거로 들지도 않았고, 화자의 관점이나 감정을 정확하게 설명하지도 못하였거나, 시의 구절을 그대로 옮겨 쓴 경우 • 답안 미작성	0점

어떤가요? 좋은 결과를 얻었나요? 국어 교과에서 서술형 평가는 보통 이런 식으로 교과서에 나오는 '시'나 '글'을 읽고 수업 시간에 배운 내용과 자신의 생각을 곁들여서 쓰는 문제들이 출제되고 있어요. 혹시 6점 만점을 얻지 못했거나, 생각보다 글을 쓰는 것이 어려웠다면 내가 쓴 답안이 무엇 때문에 감점이 되었는지를 분석해 보세요. 보통 시험을 보고 난 뒤 결과만 보고 아쉬워하고 마는 경우가 많은데, 그러면 다음에 비슷한 문제가 나와도 똑같은 결과를 얻게 되니 꼭 감점 요인을 찾아 보완하는 습관을 들여야 해요.

이번엔 글에 사용된 다양한 설명 방법을 파악하고, 그 효과를 설명하는 문제예요.

✏️ 다음에 사용된 설명 방법과 그 뜻을 쓰고, 이 설명 방법을 사용할 때의 효과에 대해 서술하세요.

> 올림픽은 국제올림픽위원회의 주관 아래 1896년부터 동계와 하계 각각 4년에 한 번씩 개최되는 전 세계 최대 규모의 종합 스포츠 축제로 세계에서 가장 권위 있는 스포츠 대회이다. 특히 하계올림픽은 단순히 스포츠 축제를 넘어 지구촌에서 열리는 모든 축제 중 가장 규모가 큰 지구촌 최대의 이벤트라고 할 수 있다.

설명 방법 및 뜻	
표현 효과	

 이 문제는 초등학교에서도 배운 내용이라 여러분이 잘 알고 있을 거라고 생각해요. 올림픽의 뜻을 설명하고 있으니 OO의 설명 방법이 사용되었다는 것을 알 수 있을 거예요. 혹시 아직 모르는 친구들이 있다면, 이번 기회에 확실하게 알아두세요.

설명 방법에 대해 묻는 문제는 중학교에 가면 서술형 평가 문항으로 꼭 출제되기 때문에 초등학교 때부터 미리미리 공부해서 알아 두면 중학교에서 아주 수월하게 평가에 임할 수 있을 거예요. 그럼 여러분이 쓴 답과 예시 답안을 비교해 보세요.

설명 방법 및 뜻 설명 방법은 '정의'이다.

'정의'는 대상의 의미를 정확히 밝혀 설명하는 방법이다.

표현 효과: 독자가 내용을 쉽게 이해할 수 있도록 설명하는 효과가 있다.

채점 기준	배점
• 설명 방법과 뜻, 표현 효과를 모두 정확하게 설명한 경우	6점
• 설명 방법과 뜻, 표현 효과 중 2가지만 정확하게 설명한 경우	4점
• 설명 방법과 뜻, 표현 효과 중 1가지만 정확하게 설명한 경우	2점
• 오답 및 답안 미작성	0점

DAY 29

도덕 서술형 평가
실전 글쓰기

도덕 서술형 평가 문항의 경우 수업 시간에 배운 내용을 바탕으로 도덕적 판단을 한 후 문제가 요구하는 바대로 충실하게 글을 써야 해요. 도덕적 판단 없이 자신이 느낀 거나 생각한 대로만 글을 쓰면 아무리 긴 글의 답을 쓰더라도 좋은 점수를 얻을 수 없으니 이 점을 꼭 명심해야 해요.

아래 문항은 주어진 상황에서 판사가 어떤 판결을 내릴지를 〈조건〉을 참고하여 글을 쓰는 서술형 평가 문제예요. 주어진 상황과 대화, 조건의 내용을 잘 읽고 문제가 요구하는 것이 무엇인지 파악한 다음 서술형 글쓰기에 도전해 보세요.

✏️ 다음 상황에서 여러분이 판사라면 어떤 판결을 내리면 좋을지 〈조건〉을 참고해 서술하세요.

출처: (주)중앙교육진흥연구소(윤건영 외)

제 의뢰인은 성적이 좋은데도 불구하고 이 대학에 합격하지 못했습니다. 그러나 한국계 미국인은 제 의뢰인보다 성적이 낮은데도 합격했습니다. 이는 부당합니다. 옳은 판결을 부탁드립니다.

조건	1. 판사는 역차별 제도에 긍정적인 생각을 가지고 있다. ※ 역차별이란, 소수집단이나 사람들을 우대하기 위한 제도로 인해 다수 집단에 가해지는 차별을 말한다. 2. 역차별 제도의 정당성으로 합격이 정당하다는 내용을 담아 서술할 것

 이 문제는 판사가 역차별 제도에 긍정적인 생각을 갖고 있다는 전제 아래 판결문을 작성하되, 역차별 제도의 정당성으로 합격이 정당하다는 내용을 포함하여 서술해야 해요. 문제에 대한 답을 다 썼으면 다음에 나오는 예시 답안을 보고 내가 쓴 답이 몇 점에 해당하는지 채점해 보세요.

예시 답안

① 역차별 제도의 입장에서 볼 때, 대학이 한국계 미국인 학생들을 배려하는 것은 정당합니다. 한국계 미국인 학생들은 그동안 소수 인종이라는 이유로 좋은 교육적 기회에서 소외되거나 기회를 얻기 힘든 경우가 많았습니다. 따라서 대학이 일정 비율로 그들을 선발하는 것은 역차별 제도 입장에서 본다면 정당합니다.

② 한국계 미국인 학생을 합격시키는 것은 정당합니다. 그 이유는 한국계 미국인은 그동안 사회의 많은 분야에서 아시아계라고 차별 받으며 살아왔고, 그런 가운데서도 열심히 공부하여 대학에 지원한 학생들을 선발하는 것은 정당한 일이라고 판단되기 때문입니다.

채점 기준	배점
• 역차별 제도에 긍정적인 생각을 갖고 있는 판사의 결정과 함께 역차별 제도가 정당성을 인정받기 위한 내용을 포함하여 그 이유를 서술한 경우	6점
• 역차별 제도에 긍정적인 생각을 갖고 있는 판사의 결정만 서술한 경우 • 역차별 제도가 정당성을 인정받기 위한 내용만 서술한 경우	3점
• 역차별 제도에 대한 판사의 결정을 서술했으나 긍정적인 생각이 담겨 있지 않거나, 역차별 제도가 정당성을 인정받기 위한 내용으로 보기에 어려운 내용을 서술한 경우 • 답안 미작성	0점

이번엔 다음 문제도 풀어 보세요.

✏️ 아름이 어머니는 집안의 악취 제거를 위해 방향제를 뿌리는데, 언젠가부터 가족들이 두통과 어지럼증을 호소해서 아름이네는 친환경적으로 악취를 제거할 방법을 고민하기로 했다. 빈칸에 아름이네 가족의 고민을 해결해 줄 적절한 내용을 서술하세요.

문제 상황	집 안에 악취가 심각하다.
일반적인 대처법	방향제를 사다 뿌린다.
단점	① 방향제에 들어 있는 화학성분 때문에 두통이나 어지러움이 발생한다. ② 방향제 구입 비용도 만만치가 않다.
친환경적 해결 방안	

 이 문제는 반드시 과학적인 방법이 아닌, 친환경적인 해결 방안에 초점을 맞추어 내용을 서술해야 해요. 문제에 대한 답을 다 썼으면 다음에 나오는 예시 답안을 보고 내가 쓴 답이 몇 점에 해당하는지 채점해 보세요.

예시 답안

① 창문과 문을 자주 열어 실내를 환기시킨다.

② 커피 찌꺼기를 모아 두고 냄새를 빨아들이도록 한다.

③ 허브 등 공기정화 식물을 키워 공기를 정화한다.

④ 향이 좋은 과일이나 꽃으로 냄새를 잡는다.

⑤ 오래된 물건이나 냄새 나는 물건을 제거한다.

⑥ 청소를 자주 하여 집 안에 악취가 남지 않게 한다.

채점 기준	배점
• 친환경적인 대안을 바르게 서술한 경우	4점
• 친환경적인 대안은 아니지만 활용 가능한 방안을 서술한 경우(단, 과학적 방법은 아니어야 함.)	2점

사회 서술형 평가 실전 글쓰기

DAY 30

사회 서술형 평가 문항의 경우 시험이 끝난 후 사회 선생님과 학생들의 이야기를 들어 보면 주어진 상황이나 제시된 문제를 제대로 파악하지 못해 잘못 답을 하는 경우가 많다고 해요. 주어진 지문이나 조건 등을 꼼꼼히 읽고 출제 의도에 부합하는 답을 써야 좋은 점수 를 얻을 수 있다는 점을 꼭 명심하세요.

아래 문항은 중학교 1학년 때 배우는 지리 영역에서 '자연재해가 발생하는 지역과 이유' 를 알고, '자연재해가 지역 주민의 삶에 미치는 영향'을 이해하고 있는지를 평가하고자 하는 서술형 평가 문제예요. 아직 여러분이 배우지 않은 부분이기 때문에 선생님이 정답을 함께 제시해 줄 테니 3개의 서술형 문제가 어떻게 출제되는지 알아보도록 해요.

✎ 다음 지도를 보고 A와 B의 명칭을 쓰고, 이 지역에서 화산과 지진이 빈번하게 발생하는 이유를 지형적 요인과 관련하여 서술하세요.

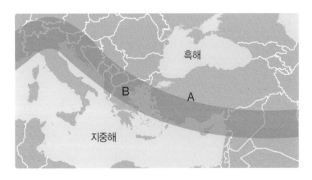

A:	B:

이유:

 여러분도 세계 지도를 찾아보면서 문제를 풀어 보세요. 평소에 세계 지도를 보면서 나라와 지역을 익혀 두면 이런 유형의 문제를 쉽게 풀 수 있게 돼요. 그럼 답을 알아볼까요?

　A는 터키, B는 그리스예요. 이 나라들에서 지진이 자주 발생하는 이유는, 이 지역이 ① 알프스–히말라야 조산대의 일부로 판과 판의 경계에 해당해 지각 변동이 자주 발생하기 때문이에요. ②지구 표면은 여러 개의 지각판으로 구성되어 있는데, 이 판들은 지구 내부의 에너지에 의해 움직이는 과정에서 부딪치거나 분리되면서 지각이 불안정한 지각판의 경계 부근에서 화산과 지진이 자주 발생하는 거예요.

　이 지역에서 화산과 지진이 빈번하게 발생하는 이유를 지형적 요인과 관련하여 서술하라고 했으니 ①과 ②의 내용을 합해서 다음처럼 써야 해요.

예시 답안

이 지역은 알프스-히말라야 조산대의 일부로 판과 판의 경계에 해당해 지각 변동이 자주 발생하는데, 지구 표면은 여러 개의 지각판으로 구성되어 있어 이 판들이 지구 내부의 에너지에 의해 움직이는 과정에서 부딪치거나 분리되면서 지각이 불안정한 지각판의 경계 부근에서 화산과 지진이 자주 발생한다.

✎ 지진 발생 시 지역 주민에게 나눠줄 지진 대피 요령 안내문을 〈조건〉에 따라 작성하세요.

한반도에서 발생한 주요 지진 순위		
발생	규모	진앙지
1 2016년 9월 12일	5.8	경북 경주시 남남서쪽 8km 지역
2 1980년 1월 8일	5.3	북한 평북 삭주 남남서쪽 20km 지역
3 2004년 5월 29일 1978년 9월 16일	5.2	경북 울진군 동남동쪽 74km 해역 경북 상주시 북서쪽 32km 지역
4 2016년 9월 12일 2014년 4월 1일	5.1	경북 경주시 남남서쪽 9km 지역 충남 태안군 서격렬비도 서북서쪽 100km 해역
5 2016년 7월 5일 2003년 3월 30일 1978년 10월 7일	5.0	울산 동구 동쪽 52km 해역 인천 백령도 서남서쪽 88km 해역 충남 홍성군 동쪽 3km 지역

자료: 기상청

조건	• 안내문 주제: 지진 발생 시 행동 요령 • 작성 방법 ① 그림의 상황에 맞는 행동 요령을 그림 아래에 쓸 것 　　　　　　② 구체적인 설명을 담아 누구나 이해하기 쉽게 작성할 것

지진 발생 시 행동 요령

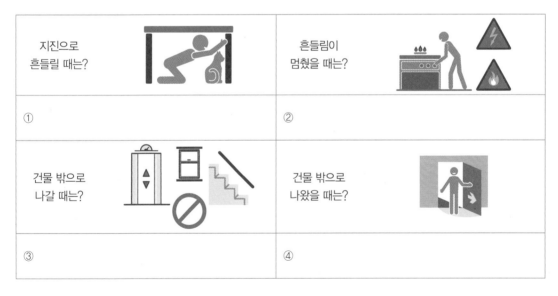

 이 문제는 수업 시간에 배운 내용을 바탕으로 그림에 해당하는 '지진 발생 시 행동 요령'에 구체적인 설명을 덧붙여 써야 해요. 여러분도 인터넷을 검색해 '지진 발생 시 행동 요령'을 찾아본 뒤 답을 써 보세요.

① 지진으로 흔들리는 동안에는 탁자 아래에 들어가 탁자 다리를 꼭 잡고 몸을 보호합니다.

② 흔들림이 멈췄을 때는 전기와 가스를 차단하고 문을 열어 출구를 확보합니다.

③ 건물 밖으로 나갈 때에는 엘리베이터 대신 계단을 이용하여 신속하게 이동합니다.(엘리베이터 안에 있을 경우에는 모든 층의 버튼을 눌러 먼저 열리는 층에서 내린 뒤 계단으로 이동합니다.)

④ 건물 밖으로 나왔을 때에는 가방이나 손으로 머리를 보호하며, 건물과 거리를 두고 주의를 살피며 대피합니다.

채점 기준	배점
• 조건에 맞게 서술한 행동 요령 1개당 2점씩 부여한다. • 행동 요령을 서술하였으나 구체적인 설명이 부족한 경우 1점씩 감점한다.	
• 조건에 맞게 행동 요령 4가지를 그림의 상황과 맞게 모두 서술한 경우	8점
• 조건에 맞게 행동 요령 3가지를 그림의 상황과 맞게 서술한 경우	6점
• 조건에 맞게 행동 요령 2가지를 그림의 상황과 맞게 서술한 경우	4점
• 조건에 맞게 행동 요령 1가지를 그림의 상황과 맞게 서술한 경우	2점
• 행동 요령 안내문으로 보기에 어려운 내용을 그림과 무관하게 서술한 경우 • 답안 미작성	0점

사회 교과의 서술형 문제는 지도나 표, 보기가 제시되고 문제를 해결하는 유형이 많이 출제되기 때문에 지도나 사회 현상 등에 대한 배경지식을 평소에 쌓아 두는 것도 중요해요.

하지만 주로 수업 시간에 배운 내용들을 바탕으로 문제가 출제되니 수업 시간에 열심히 공부하고, 글쓰기 실력만 갖춰 놓는다면 문제없을 거예요. 단, 중학교에서는 평가 결과로 내신 점수가 결정되기 때문에 평가가 아주 엄중하게 진행되고 평가도 위처럼 점수가 세분화되어 채점이 이루어지니 미리미리 글쓰기를 준비해 두세요.

역사 서술형 평가
실전 글쓰기

    역사 서술형 평가 문항은 역사과 수업 목표에 따라 보통 다음과 같은 내용의 문제들이 출제되고 있어요. 역사는 내용이 워낙 많고 범위가 넓으니 중학생이 되기 전에 내용을 미리 알아두는 것도 좋을 것 같아요.

1. 우리나라와 세계 역사의 주요 사실과 개념을 이해하는 문제
2. 우리나라와 세계 역사의 상호 연관성을 파악하는 문제
3. 오늘날의 사회가 직면한 문제의 역사적 배경과 상호 관련성을 파악하여 현대 세계와 우리나라에 대한 이해를 확대하여 해석하는 문제
4. 다양한 역사 자료를 비교, 분석하고 유추하여 역사적 사실을 종합적, 맥락적으로 이해하는 역사적 사고력을 측정하는 문제
5. 스스로 문제의식을 가지고 다양한 역사 자료를 검토하는 비판적 사고와 문제 해결 능력을 기를 수 있는 문제

이제, 역사 서술형 문제를 한번 만나 보도록 해요.

다음 대화를 보고 물음에 답하세요.

○○중학교 1학년 역사 시간

교사 여러분, 오늘은 왜란과 호란이 동아시아 정세에 미친 영향에 대해 알아볼 거예요. 16세기 말 조선은 오랫동안 큰 전쟁이 없자 군역 제도가 문란해지고 국방력이 매우 약해지게 돼요. 이 무렵 일본에서는 도요토미 히데요시가 100여 년간 분열되었던 전국 시대를 수습하며 통일을 이루고 국력을 키우기 위해 다양한 시도를 하게 돼요. 도요토미 히데요시는 일본 내 불평 세력의 관심을 밖으로 돌리고, 영토를 확장하고자 전쟁을 일으켜요. (ㄱ) 일본은 명나라를 정벌하러 가는 데 길이 필요하니 길을 빌려 달라는 구실로 조선을 침략하게 돼요.
이번에는 1모둠이 당시의 전쟁 상황에 대해 조사해 온 내용 발표를 들어볼게요.

1모둠 저희 1모둠이 조사한 당시의 전쟁 상황은 다음과 같습니다. 왜군은 수십 년간 전투로 단련되었고, 서양식 신무기인 조총을 사용하였기 때문에 조선군은 전쟁 초기 육지에서 왜군의 진격을 막기 어려웠습니다. 부산과 동래가 함락되었고, 충주에서 신립의 군대마저 패배하여 수도 한양을 점령당하였습니다. 이후 왜군은 함경도와 평양 일대까지 진격하였고, 선조는 의주까지 피란하였습니다. 하지만 (ㄴ) 전세가 바뀌고, 불리해진 왜군은 휴전을 제안하였으나, 일본의 무리한 요구로 인해 휴전 협상은 실패하였으며, 일본은 다시 조선을 침략하였습니다.

교사 1모둠이 당시의 전쟁 상황과 전세의 역전에 대해 잘 발표해 주었어요. 이 전쟁에서 일본군은 조선인의 귀와 코를 베어 일본으로 가져가 귀 무덤을 만들었다고 해요. 일본 교토에 가면 귀 무덤을 볼 수 있어요.

 밑줄 친 (ㄱ)에 해당하는 일본이 일으킨 전쟁의 명칭을 쓰세요. ....

 여러분도 이 전쟁의 이름이 무엇인지 자료를 찾아보면서 문제를 풀어 보세요. 서답형 문제 중 이렇게 간단하게 답을 쓰는 것을 단답형이라고 해요. 정답은 임진왜란이에요. 그럼 다음 서술형 문제도 풀어 보세요.

밑줄 친 (ㄴ)에 해당하는 이유를 국내외 요인으로 나누어 각각 서술하세요.

 중학교 서술형 문제는 보통 이런 식으로 나와요. 그럼 여러분은 (ㄴ)에 해당하는 전세가 바뀐 이유를 국내 요인과 국외 요인으로 나누어 찾은 다음 각각의 요인을 서술해 줘야 해요. 그럼 답을 알아볼까요?

예시 답안

국내 요인은 이순신 장군이 이끄는 수군이 바다에서 승리하고, 백성들 사이에서 자발적으로 일어난 의병의 활약으로 일본군의 무기와 식량의 보급을 막고 조선을 지배하려던 계획을 막아낼 수 있었기 때문이다.

국외 요인은 명나라가 대륙으로 침략하려는 왜군을 막기 위해 조선에 지원군을 보냈고, 명의 군대가 조선에 들어와 연합군이 편성되어 일본을 막고 휴전 회담을 이끌어냈기 때문이다.

채점 기준	배점
• 국내 요인과 국외 요인의 내용을 예시 답안의 내용을 반영하여 서술한 경우	6점
• 국내 요인이나 국외 요인 중 한 요인의 내용만 서술한 경우	3점
• 국내 요인과 국외 요인 모두 예시 답안과 거리가 먼 내용을 서술한 경우 • 답안 미작성	0점

역사 서술형 예시 문제를 보니 조금 어렵다는 생각이 드나요? 하지만 걱정할 필요 없어요. 중학교 수업 시간에 열심히 공부하면서 비슷한 유형의 문제들을 많이 풀다 보면 어렵지 않게 문제 해결력을 기를 수 있을 거예요. 다음 문제도 만나 보세요.

✎ 다음 자료를 읽고 물음에 답하세요.

(가) 콜럼버스는 지구가 둥글다는 학설을 믿고 서쪽으로 항해하여 인도로 가고 싶어 했다. 그는 에스파냐 왕인 페르난도와 이사벨 여왕의 후원을 받아 항해에 나섰으며, 그 결과 지금의 서인도 제도, 즉 아메리카 대륙을 발견할 수 있었다. 현재 미국 대부분의 주에서는 매년 10월 둘째 주 월요일을 콜럼버스의 날로 지정해 이러한 콜럼버스의 개척과 탐험 정신을 기념하고 있다.

(나) 베네수엘라 대통령 우고 차베스는 콜럼버스의 아메리카 대륙 상륙이 '인류 역사상 최대의 학살'을 불러왔다고 주장하였다. 그는 콜럼버스가 상륙했던 1492년 당시 미 대륙의 원주민 수는 약 1억 명이었는데, 150년 후에는 300만 명으로 줄어들었음을 지적하였다. 차베스 대통령은 2002년에 콜럼버스의 대륙 상륙일인 10월 12일을 '원주민 저항의 날'로 바꾸는 대통령령을 내리기도 하였다.

✎ (가)와 (나)에서 콜롬버스에 대한 역사적 평가를 각각 어떻게 내리고 있는지 쓰세요.

(가)	
(나)	

예시 답안

(가) 콜럼버스의 신대륙 발견은 개척과 탐험의 정신이 이루어낸 결실이었다.

(나) 원주민이 살고 있던 아메리카 대륙을 콜럼버스가 침략한 것이다. 콜럼버스의 '신대륙' 발견 이후 유럽인들은 수많은 원주민을 학살하고 착취했기 때문에 콜럼버스는 저항의 대상으로 봐야 한다.

채점 기준	배점
• (가)와 (나)의 내용을 예시 답안의 내용을 반영하여 서술한 경우	6점
• (가)와 (나) 중 하나만 예시 답안의 내용을 반영하여 서술한 경우	3점
• (가)와 (나) 모두 예시 답안 내용과 거리가 먼 내용을 서술한 경우 • 답안 미작성	0점

✏️ 다음 토론 내용을 읽고 물음에 답하세요.

일본과 한국의 역사 갈등에 대한 100분 토론

기자 오늘은 동아시아의 역사 갈등에 대한 100분 토론을 진행하겠습니다. 그럼 먼저 일본, 한국의 입장을 대변하는 기조발언을 들어보겠습니다.

일본 사람1 독도는 일본 땅입니다. 왜냐하면 일본은 17세기부터 울릉도 근처에서 고기잡이를 했는데, 일본에서 울릉도로 가는 길목에 있는 독도에 머물면서 고기잡이를 하였습니다. 이때, 한국은 독도가 있다는 사실도 몰랐습니다. 일본은 1905년에 독도를 시마네 현으로 정식으로 편입하였기 때문에 독도는 일본 영토입니다.

한국 사람1

....

....

....

....

일본 사람2 조선은 일본이 조선을 침략해 식민지로 삼았다고 하지만, 일본은 당시에 발전이 없던 조선을 보호국으로 삼아 철도와 도로를 건설하고 근대학교를 설립하는 등 조선의 근대화를 이루게 하며 조선을 발전시키는 데 기여하였습니다.

한국 사람2

....

....

....

....

✏️ 일본 사람1의 말에 대응하는 한국 사람1의 토론 내용을 서술하세요. (※ 독도가 우리 땅인 근거를 들어 설명할 것)

> **한국 사람1**
>
>

✏️ 일본 사람2의 주장에 반박하는 한국 사람2의 토론 내용을 서술하세요.

> **한국 사람2**
>
>

💡 이 문제는 토론 상황이기 때문에 정중하고 예의 바른 말투로 답안을 작성하되, 한국 사람1은 일본 사람1이 한 말에 대한 반박 내용과 독도가 우리 영토라는 구체적인 근거를 들어 서술해야 해요. 그리고 일본 사람2의 주장에 반박하는 한국 사람2의 토론 내용은 일본이 조선의 국권침탈을 정당화하고자 하는 것은 전쟁과 침략을 정당화하는 것이며, 일본의 조선 침략은 명백한 전쟁 도발국으로서의 잘못이라는 점을 표명해야 해요.

한국 사람1 일본이 17세기부터 울릉도 근처에서 고기잡이를 하고 독도에 머물면서 고기잡이를 한 것은 일본이 우리나라 영토를 무단으로 침입한 것입니다. 그리고 당시 한국이 독도가 있다는 사실도 알지 못했다고 했는데, 512년부터 독도는 이미 한국 영토였습니다. 그리고 일본은 1905년에 독도를 시마네 현으로 정식 편입하였기 때문에 독도가 일본의 영토라고 주장하는데, 5년이나 빠른 1900년에 독도는 울릉군에 속한 땅이기 때문에 울릉군은 울릉도와 독도를 다스린다는 대한제국 칙령 제41호 발표로 국제적으로 한국 영토로 공표된 바가 있습니다. 또, 연합국 최고사령부 지령에서도 독도가 대한민국의 영토라고 공포했으며 현재 대한민국에서 독도를 지배하고 있기 때문에 일본의 독도 영유권 주장은 억지이며 불쾌한 주장입니다.

한국 사람2 일본이 조선을 보호국으로 삼아 근대화를 이뤘다는 주장은 말도 안 되는 억지입니다. 일본은 식민지 기간 동안 조선인을 잔혹하게 탄압하였고 일본이 건설한 철도, 도로, 학교는 조선에 있는 물자를 약탈하고 식민지 지배를 쉽게 하기 위한 것이었지 절대로 조선을 도와주기 위한 것이 아니었습니다. 일본은 당시 청나라와 전쟁을 하기 전 조선 침략 계획을 철저히 세우고 군대를 앞세워 1894년 6월 조선을 무력으로 점령한 뒤 식민지 조선으로 이어갔습니다. 일본인들은 침략 행위를 정당화하기 위해 자국에 유리한 기록은 살을 덧붙여 미화하고, 부끄러운 행위는 감추는 일에 진력하며 역사를 왜곡하고 있습니다. 일본은 조선이 원하지도 않은 보호국을 제멋대로 자처하며 갖은 만행을 저지른 나쁜 침략국에 불과합니다.

이 문제는 토론 문제이긴 하지만 '역사적인 사실을 제대로 인식하고 있는가?' 그리고 '정확한 역사적 사실을 설득력 있는 내용으로 문장을 구성하고 있는가?' 등이 채점 기준이 될 거예요. 채점 기준표는 따로 제시하지 않으니 예시 답안을 보면서 배경지식을 쌓아 두도록 해요.

DAY 32

수학 서술형 평가 실전 글쓰기

　수학 서술형 문항은 학생들이 가장 어려워하고 힘들어하는 부분이에요. 객관식으로 출제되면 찍기라도 할 텐데, 서술형의 경우는 원리를 알지 못하거나 풀지 못하면 설명은 더더욱 하기 어렵기 때문이에요.

　수학 시험 시간에 시험 감독을 들어가 보면 수학 시험에 임하는 학생들이 3가지 유형으로 나뉘어요. 문제를 정말 열심히 푸는 학생(일부)과 열심히 풀기는 하는데 서술형은 손을 못 대는 학생, 그리고 아예 처음부터 객관식 문제는 찍어 버리고 주관식은 빈 답지 상태로 놓은 채 시험이 끝날 때까지 엎드려서 잠을 자는 친구들이에요. 참 안타까운 장면이에요.

　하지만 언제까지 수학에 겁을 먹고 서술형 문항에서 도망칠 수만은 없어요. 요즘은 일상생활 속 문제에서 스토리텔링이나 사고력을 키우는 방향으로 수학 서술형 문제들이 만들어지고 있으니 수학 교과에 애정을 갖고 즐거운 마음으로 문제를 해결해 보도록 해요. 그럼 수학 서술형 평가 문제를 만나 볼까요?

✎ 〈예시〉처럼 일상생활 속에서 경험할 수 있는 수학적 요소를 찾아 문제를 만들어 보세요.

> 예시
> OO중 급식실에 학생들이 쓰고 난 컵을 보관하는 통이 있습니다. 통의 넓이가 30cm, 높이가 60cm일 때 컵이 통에 넘치지 않게 최대 몇 개까지 쌓을 수 있을까요?
> (※컵은 지름 7cm, 길이 7cm의 일반 작은 컵입니다.)

<table>
<tr><td>

문제 1

....

....

....

....

</td><td>

문제 2

....

....

....

....

</td></tr>
</table>

 수학적인 시선으로 세상을 보는 습관을 가져 보세요. 그러면 수학적 요소를 많이 발견하게 되고 창의적인 발견이나 발명 등을 할 수 있을 거예요. 선생님이 만들어 본 3개의 문제를 보면서 수학적 요소를 만나 보세요.

예시 답안

① 우리 집에 쓰레기통이 총 4개가 있는데 1개당 지름이 약 20cm이고, 무게는 쓰레기가 다 찼을 때 2kg이다. 4개의 쓰레기통 중 2개는 꽉 찼고, 1개는 반 정도 찼고, 나머지 1개는 반의 반이 찼다. 이 4개 쓰레기통의 무게를 구하시오.

② 우리 반 단체 줄넘기 연습을 위해 8명이 20cm 간격으로 서서 양쪽으로 24cm 이상씩 남아야 한다. 줄넘기 길이를 $x$cm라고 할 때 줄넘기 길이는 총 몇 cm 이상이어야 할까?

③ 친구 5명이 치킨과 피자를 시켜 먹기로 했다. 치킨은 18,000원, 피자는 24,000원이다. 공평하게 치킨과 피자를 시켜 먹으려면 1인당 얼마씩 내야 할까?

채점 기준	배점
• 일상생활 속에서 수학적 요소를 찾아 창의적으로 문제 상황과 문제를 만들어 제시하였다.	6점
• 일상생활 속에서 수학적 요소를 찾아 문제 상황과 문제를 만들어 제시하였다.	3점
• 수학적 요소가 없는 문제 상황과 문제를 만들어 제시하였다. • 답안 미작성	0점

　선생님도 문제를 만들면서 수학적인 시선으로 세상을 보니 만들 수 있는 문제들이 무궁무진하게 많다는 것을 알게 되어 깜짝 놀랐어요. 여러분들도 이런 문제들을 통해 수학에

접근하면서 수학에 흥미와 재미를 많이 느끼길 바랍니다.

이번에는 주어진 그래프를 해석하는 문제를 한번 풀어 보도록 할게요.

✏️ 가온이는 부모님과 함께 제주도를 여행하는 동안 기온의 변화를 그래프로 나타내 보았다. x축은 시간, y축은 기온을 나타낼 때, 그래프를 보고 하루 동안의 기온의 변화를 날씨와 관련지어 설명하시오. (※이날 낮에 소나기가 잠깐 내렸음)

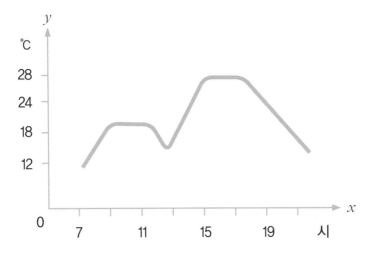

 그래프를 보면서 시간에 따른 기온의 오르내림 변화를 파악하여 글로 설명해야 해요. 일단 답을 써 보고 다음의 예시 답안과 비교해 보세요.

오전 7시부터 기온이 오르다가 9시부터 12시까지 기온의 변화가 없었다. 그러다가 비가 오면서 기온이 내려가기 시작했고, 비가 그치고 해가 나오면서 오후 2시부터 기온이 다시 올라가 한동안 유지되다가 해가 질 무렵부터 기온이 다시 떨어졌다.

채점 기준	배점
• 기온을 날씨와 연관 지어 시간의 변화에 따른 기온의 상승, 기온 변화가 없음, 기온 하강의 그래프 변화가 의미하는 바를 이해하고, 3가지 변화를 모두 날씨와 연관 지어 정확하게 서술한 경우	6점
• 기온을 날씨와 연관 지어 시간의 변화에 따른 기온의 상승, 기온의 변화 없음, 기온 하강의 그래프 변화에 대하여 2가지만 정확하게 서술한 경우	4점
• 기온을 날씨와 연관 지어 시간의 변화에 따른 기온의 상승, 기온의 변화 없음, 기온 하강의 그래프 변화에 대하여 1가지만 정확하게 서술한 경우	2점
• 시간의 변화에 따른 기온 변화를 날씨와 연관 짓지 못하고, 기온 변화와 그래프의 변화를 연결 지어 해석하지 못한 경우 • 답안 미작성	0점

여러분이 쓴 답과 예시 답안을 비교해 보니 어떤가요? 수학 교과에서 서술형 평가에 이런 유형의 해석을 하는 문제들이 출제되니 글쓰기 실력은 수학 교과에서도 아주 중요한 요소라는 것을 알 수 있겠죠? 그러니 지금부터 열심히 글쓰기 공부를 해 보도록 해요.

이번에는 점, 선, 면, 각을 이해하고 점, 직선, 평면의 위치 관계를 설명하는 서술형 평가 문제를 만나 볼 거예요. 문제를 잘 읽고 풀어 보세요.

🖉 누리가 수학동아리 친구들과 함께 '직선과 직선', '직선과 평면'의 위치 관계에 대한 이야기를 나누고 있어요. 잘못된 내용을 말한 친구를 모두 찾고 그 이유를 쓰세요.

> **우리** 한 직선에 평행한 서로 다른 두 직선은 서로 평행해.
> **나라** 한 평면에 평행한 서로 다른 두 직선은 서로 평행해.
> **대한** 한 평면에 수직인 서로 다른 두 직선은 서로 평행해.
> **민국** 한 평면에 수직인 직선과 그 평면에 평행한 직선은 서로 평행해.
> **만세** 한 점이 직선과 평면 위에 동시에 있으면 직선은 평면에 포함되어 있어.

점, 선, 면, 각을 이해하고 점, 직선, 평면의 위치 관계를 이해해야 풀 수 있는 문제예요. 평소 이에 대한 개념을 충분히 이해하고 있어야 누가 틀린 말을 하고 있는지 찾을 수 있어요. 그리고 왜 틀렸는지를 설명할 수 있어야 하니 역시 글쓰기가 필요하겠죠? 여러분도 일단 문제를 풀어 보고 다음의 예시 답안을 확인해 보세요.

예시 답안

잘못된 내용을 말한 학생은 나라, 민국, 만세이다. 나라의 말이 틀린 이유는 한 평면에 평행한 서로 다른 두 직선은 서로 평행할 수도 있지만, 한 점에서 만나거나 꼬인 위치에 있을 수도 있기 때문이다. 민국이의 말이 틀린 이유는 한 평면에 수직인 직선과 그 평면에 평행한 직선은 서로 평행할 수 없고 한 점에서 만나거나 꼬인 위치에 있기 때문이다. 만세의 말이 틀린 이유는 한 점이 직선과 평면 위에 동시에 있으면 직선이 평면에 포함되는 경우도 있지만 직선과 평면이 한 점에서 만나는 경우도 있기 때문이다.

채점 기준	배점
• 잘못 말한 친구를 모두 찾아낸 경우	4점
• 나라, 민국, 만세의 말이 틀린 이유가 맞은 경우 1명당 2점씩 부여함	총 6점

　보통 이런 문제를 10점짜리 문제로 출제하시는 경우를 봤기 때문에 채점 기준이나 배점은 선생님이 임의로 정하고 부여했어요. 수학 교과에서 서술형 평가에 선생님이 소개한 이러한 유형의 문제들이 출제되고 있으니 평소 글쓰기를 준비해서 수학 시간에 자신 있게 설명하고 해석할 수 있게 해 두는 게 좋아요. 더 많은 수학 서술형 문제들은 중학교에 가서 접해 보기로 하고 우리는 이제 과학 교과 서술형 평가 문제를 만나 보기로 해요.

과학 서술형 평가 실전 글쓰기

과학 교과 서술형 평가 역시 수학 교과처럼 학생들이 어려워하고 힘들어하는 부분이에요. 과학은 실험을 하고 난 뒤 실험 결과를 확인하고 진행 과정에 대해 다시 한 번 확인하는 문제들로 서술형 평가를 진행하기도 하고, 수업 시간에 배운 내용을 점검하기 위한 과정으로 서술형 평가를 실시하기도 하는데, 문제를 푸는 경우도 있고, 가설을 세우거나 결과를 예측하는 내용 등 다양한 문제들이 출제되고 있어요.

앞에서 과학 수행평가 문제들에서 만나 보았던 유형의 문제들이 출제되기도 하는데, 과학은 인문학과 많이 맞닿아 있는 학문이라 '과학적 글쓰기' 능력을 키워야 한다는 말이 나올 만큼 글쓰기가 매우 중요한 과목이에요.

동료 과학 선생님께 과학적 글쓰기에서 중요한 게 뭐냐고 물었더니 "주어, 서술어, 목적어를 분명히 해서 답을 쓰는 게 중요해요!"라고 답해 주셨어요. 그 대답을 듣고 왜 그러냐고 물었더니 답안 내용에서 주어, 서술어, 목적어가 분명치 않으면 정확한 답이 안 되는 경우가 많다고 하더라고요.

그럼 이 점에 유의하며 과학 서술형 평가 문제를 만나 볼까요?

다음 호흡기관의 구조를 잘 살펴보고, 상윤이에게 생긴 문제를 이해해 보세요.

상윤이에게 발생한 문제

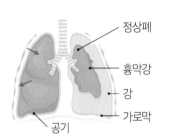

정상폐

흉막강

강

가로막

공기

점심시간에 낮잠을 자고 일어난 상윤이가 갑자기 가슴을 움켜쥐고는 숨쉬기가 힘들고 답답하다며 쓰러졌습니다. 급히 병원으로 실려 간 상윤이는 '기흉'이라는 진단을 받았습니다.

의사 선생님에 의하면, 기흉은 성장기 남학생에게 주로 발병하는데, 정상적인 폐는 (   )한데 기흉이 발생하면 ㉠폐를 둘러싼 흉강에 공기가 차서 정상적인 호흡 운동이 일어나지 않기 때문에 호흡 곤란이 생긴다고 합니다.

 (   )안에 들어갈 내용으로 호흡 운동의 원리, 즉 들숨과 날숨에 대해 설명하세요.

 들숨과 날숨의 원리에 대해 아직 배우지 않았을 테니 인터넷에서 정보를 찾아본 후 여러분도 이 문제를 풀어 보세요. 인터넷에서 찾은 정보를 내 지식으로 만든 다음 여러분의 글쓰기 실력으로 답을 써 보는 것이 중요합니다. 자, 답을 다 썼으면 예시 답안을 한 번 보면서 여러분이 쓴 답과 비교해 보세요.

예시 답안

숨을 쉴 때, 들숨 때는 갈비뼈가 올라가고 가로막이 내려가면서 흉강의 부피가 커진다. 이때 흉강 안의 압력이 낮아져 폐 내부의 압력이 낮아지기 때문에 폐로 공기가 들어온다. 반대로 날숨 때는 갈비뼈가 내려가고 가로막이 올라가면서 흉강이 좁아진다. 이때 흉강 안의 압력이 높아져 폐 내부의 압력에 높아지기 때문에 폐 속의 공기가 밖으로 나간다.

들숨과 날숨에 대해 이해를 바탕으로 예시 답안처럼 썼나요? 그럼 상윤이에게 생긴 '기흉'의 원인도 문제를 통해 알아보도록 해요.

 ㉠의 이유를 서술하세요.

이 문제도 인터넷에서 정보를 찾아본 후 문제도 풀고 글쓰기 실력도 늘려 보세요.

예시 답안

기흉이 생기면 흉강 내 압력 변화가 잘 일어나지 않아 폐로 공기가 잘 드나들지 못하기 때문에 호흡 운동이 정상적으로 일어나지 않게 된다.

채점 기준		배점
들숨과 날숨의 원리	• 들숨과 날숨이 일어날 때 갈비뼈와 가로막 운동에 의한 호흡기관(흉강과 폐)의 변화 과정을 바르게 설명한 경우	6점
	• 들숨과 날숨이 일어날 때 갈비뼈와 가로막 운동 과정은 설명하였으나, 호흡기관(흉강과 폐)의 변화는 설명하지 않은 경우	3점
	• 오답이거나 미작성	0점
기흉의 원인	• 기흉 발생 시 흉강 내 압력 변화가 잘 일어나지 않는다는 것을 설명하여 호흡 운동이 정상적이지 않은 이유를 옳게 서술한 경우	6점
	• 기흉 발생 시 호흡 운동이 정상적이지 않은 이유만 서술한 경우	3점
	• 오답이거나 미작성	0점

과학은 인체의 신비를 비롯하여 흥미로운 내용이 많으니 여러분들이 이런 문제들을 통해 과학에 흥미와 재미를 많이 느끼길 바랍니다.

이번에는 여러 가지 거울과 렌즈를 통해 나타나는 상을 관찰하여 상의 특징을 비교하고, 평면 거울에서 상이 생기는 원리를 설명하는 문제를 한번 풀어 보도록 해요.

✎ 미소는 차를 타고 가던 중 왼쪽과 오른쪽 사이드 미러에 비치는 글자를 보고 궁금증이 생겼다. 다음 날 과학 시간에 선생님께 여쭤 보았더니 다음의 사진을 보여 주시면서 약간의 설명과 함께 2개의 문제를 아이들에게 내 주셨다.

왼쪽 사이드 미러에 비친 글자	오른쪽 사이드 미러에 비친 글자

선생님 자동차에는 다양한 거울들이 쓰이는데, 각각 역할도 달라요. 왼쪽 사이드 미러 거울은 평면 거울을 사용하고, 오른쪽 사이드 미러 거울은 볼록 거울을 사용해요. 이 두 거울은 운전자가 뒤에서 오는 차량이나 사물을 확인하기 위한 용도인데, 평면 거울은 거울의 면을 기준으로 대칭인 모습의 상이 생기고, 볼록 거울은 상의 크기는 평면 거울에 비해 작지만 넓은 범위를 볼 수 있어요. 그럼 다음 문제를 풀어 보세요.

✎ 자동차 왼쪽 사이드 미러를 통해 'PAST' 글자를 오른쪽과 같이 보이게 하려면 'PAST' 글자를 어떻게 써 놓아야 하는지 쓰고, 그 이유를 설명하세요.

 선생님의 말씀 속에 답이 있으니 잘 읽고 답을 써 보세요.

평면 거울은 거울의 면을 기준으로 대칭인 모습의 상이 생긴다. 따라서 'PAST'의 상을 만들기 위해서는 좌우가 반대인 왼쪽과 같이 써 놓아야 한다.

모두 잘 풀었나요? 그럼 선생님의 두 번째 문제도 풀어 보도록 해요.

🖉 오른쪽 사이드 미러에 볼록 거울을 사용하는 이유를 쓰고, 관찰되는 상의 크기와 모양을 왼쪽 사이드 미러의 거울의 상과 비교하여 설명하세요.

💡 이 문제 역시 선생님의 말씀 속에 볼록 거울에 대한 답이 있으니 다시 한 번 잘 읽어 보고, 왼쪽 사이드 미러의 거울의 상과 비교하는 것만 '비교하는 서술형 평가'에서 연습한 대로 비교해서 답을 써 보세요.

자동차의 오른쪽 사이드 미러에 볼록 거울을 사용하는 이유는, 볼록 거울이 평면 거울에 비해 상의 크기는 작지만 넓은 범위를 볼 수 있기 때문이에요. 그리고 오른쪽 볼록 거울에 비친 상은 왼쪽 사이드 미러의 평면 거울에 비친 상보다 크기는 작고 모양은 원래의 모양(PAST)과 같아요.

채점 기준		배점
평면 거울에 비친 상의 특징	• 글자의 상을 거꾸로 정확히 쓰고, 그 이유를 평면 거울에 비치는 사물의 상이 좌우가 대칭으로 보이는 특징을 이용해 정확히 설명한 경우	6점
	• 글자의 상을 거꾸로 정확히 썼으나 이유를 제대로 설명하지 못한 경우 • 이유는 제대로 설명했으나 거꾸로 쓴 글자의 상이 틀린 경우	3점
	• 오답이거나 미작성	0점
볼록 거울에 비친 상의 특징	• 볼록 거울로 보았을 때 시야가 넓어짐과 상의 모양과 크기도 정확히 설명한 경우	6점
	• 볼록 거울에 의한 시야의 넓어짐만 쓰거나 맞은 경우 • 볼록 거울에 의한 상의 모양과 크기만 쓰거나 맞은 경우	3점
	• 오답이거나 미작성	0점

과학 교과에서 서술형 평가에 이런 유형의 문제를 포함해 아주 다양한 문제들이 출제되고, 설명을 하거나 서술해야 하는 문제들이 점점 더 많아질 거예요. 글쓰기 실력을 키워 과학 교과 서술형 문제도 쉽게 쓸 수 있게 해야겠지요?

끝으로 재해와 재난 사례와 관련된 자료를 조사하고 그 원인과 피해에 대해 과학적으로 분석해서 설명하는 과학 서술형 평가 문제를 만나볼 거예요. 문제를 잘 읽고 풀어 보세요.

🖉 **다음은 과학 시간에 수민이가 '코로나19 감염병'을 주제로 조사한 발표 내용입니다. 잘 읽고 감염병 질병의 전파와 사회의 변화를 관련지어 서술하세요.**

'코로나19'는 2019년 12월 중국 우한시에서 발생한 바이러스성 호흡기 질환으로 '우한 폐렴' 또는 '신종 코로나바이러스 감염증'이라고도 합니다. 신종 코로나바이러스에 의한 유행성 질환으로 호흡기를 통해 감염되는데, 감염 증상으로는 인후통, 고열, 기침, 호흡곤란 등의 증상을 거쳐 폐렴으로 발전합니다.

2020년 3월에 세계보건기구가 코로나19 팬데믹을 선언했으며, 사회적 거리두기가 단계별로 진행되고, 많은 행사가 취소되거나 연기되었습니다. 그런데 얼마간 유행하다가 종식될 줄 알았던 코로나19는 시간이 지나면서 다양한 변이종이 발생함에 따라 세계보건기구에서 주요 변이종을 '관심변이'와 '우려변이'로 지정하여 관리하고 있습니다.

2021년 11월 아프리카에서 발견된 오미크론 변이가 급속도로 한국을 포함한 전 세계로 확산되어 2022년 1월에는 우세종의 지위를 차지했고, 2021년 1월 전 세계 확진자가 1억 명, 8월에는 2억 명, 2022년 1월에는 3억 명을 넘은 데 이어 오미크론 변이가 확산되면서 2월에는 4억 명을 돌파했습니다.

 감염병 질병의 전파와 사회의 변화와 관련된 자료를 찾아 보면서 문제를 풀어 보고 다음의 예시 답안을 확인해 보세요.

예시 답안

감염병 질병은 세균, 바이러스 등의 병원체에 의해 발생하며 기침 시 나오는 침(비말), 공기, 혈액, 동물, 피부 접촉, 오염된 물이나 식품 등을 통해서 쉽고 빠르게 퍼져 나갑니다. 현대는 교통수단의 발달로 국가 간 이동이 자유로워지고 교류가 활발해져 우한의 사례처럼 특정 지역에서 발생한 감염병이 빠른 속도로 퍼져 나가 전 세계로 확산되어 수많은 사람과 동물에게 큰 피해를 줄 수 있습니다.

채점 기준	배점
• 감염병 질병의 전파를 사회 변화와 관련지어 설득력 있게 설명한 경우	4점
• 감염병 질병의 전파나 사회 변화 중 한 가지만 설득력 있게 설명한 경우	2점
• 오답이거나 미작성	0점

감염병 질병의 전파와 사회 변화를 관련지어 잘 쓸 수 있었나요? 여러분은 서술형 문제가 이렇게 글쓰기와 많은 연관을 갖는 것을 보고 놀랐을 거예요. 중학교에 가면 과학 선생님께서 재미있는 서술형 평가 문제를 더 많이 소개해 주실 거예요. 그때 이 책을 읽고 서술형 문제 풀이를 연습한 여러분은 아주 잘 풀어낼 수 있겠죠?

더 많은 과학 서술형 문제들은 중학교에 가서 접해 보기로 하고 우리는 이제 영어 교과의 서술형 평가 문제도 만나 보기로 해요.

DAY 34

영어 서술형 평가
실전 글쓰기

영어 서술형 평가는 영어로 문장 쓰기, 요청하는 글쓰기, 비교하는 문장 작성하기, 명령문 쓰기, 소개하는 글쓰기, 여행 계획 작성하기, 영어 일기 쓰기, 초대하는 글쓰기, 건의문 작성하기 등 다양한 글쓰기가 이루어지고 있어요. 또, 영어 문장을 해석해서 쓰는 문제 등 여러분이 다니게 될 학교의 영어 선생님께서 지도하시는 수업 철학에 따라 다양한 문제들이 출제되죠.

영어권 나라에서는 자기 생각을 영어로 쓰는 '에세이 쓰기'가 매우 중요한 시험이에요. 우리나라에서도 에세이 쓰기의 한 유형인 논술 중심의 IB(국제바칼로레아)식의 교육과정이나 수능을 운영하는 것을 고민하고 있기도 해서 앞으로는 학교 공부에서 자기 생각을 표현하는 글쓰기가 정말 중요한 영역을 차지할 거예요.

그럼 중학교 영어 서술형 평가 실전 글쓰기를 만나 보도록 해요. 다음 문항은 일상생활에 관한 그림, 사진, 도표 등을 설명하는 문장을 쓰는 서술형 평가 문제예요. 문제가 요구하는 것이 무엇인지 파악한 다음 서술형 글쓰기에 도전해 보세요.

✏️ 다음 포스터를 보고 화재 예방을 위해 우리가 해야 할 일과 하지 말아야 할 일을 〈조건〉에 맞게 각각 한 문장씩 작성하세요.

〈조건〉

must와 must not을 사용하여 문장을 구성할 것
포스터 내용을 나타내는 문장으로 작성할 것

※ 이 문제는 should와 shouldn't를 사용하여 문장을 구성할 수도 있어요.

• 해야 할 일:

• 하지 말아야 할 일:

 이런 유형의 문제는 별로 어려운 문제는 아니에요. 조건에서 must와 must not을 사용해 문장을 구성하라고 했기 때문에 여러분이 알고 있는 불조심과 관련된 단어들과 잘 조합하여 문장을 만들면 돼요. 그런데 이 문제의 답을 정확히 쓰기 위해서는 조동사 must와 must not의 뜻과 용법을 알고 있어야 해요.

구분	must	must not
뜻	~해야 한다	꼭 ~하지 말아야 한다
용법	S(주어)＋must＋V(동시원형)	S(주어)＋must not＋V(동사원형)

영어 교과는 단어와 뜻, 용법 등을 알아야 문장이나 글을 쓸 수 있기 때문에 서술형 평가 문항의 경우 이중 부담이 되는 과목이에요. 여러분은 초등학교 때부터 미리미리 영어 공부를 해 놓아서 중학교 서술형 평가에 대비하기 바랍니다.

그럼 선생님이 알려준 must와 must not의 정보를 바탕으로 답을 써 보고 예시 답과 확인해 보세요.

- 해야 할 일: We **must** be careful with fire.

  우리는 불을 조심히 다뤄야 한다.

- 하지 말아야 할 일: We **must not** play with fire.

  우리는 불장난을 하지 말아야 한다.

  We **must not** make a fire in the mountains.

  우리는 산에서 불을 피우지 말아야 한다.

채점 기준	배점
• must와 must not을 사용해 각각의 문장을 정확하게 쓴 경우	4점
• must나 must not을 사용해 한 문장만 정확하게 쓴 경우	2점
• must와 must not을 사용하지 않고 문장을 쓴 경우 • 답안 미작성	0점

이번에는 일상생활에 관한 자신의 의견이나 감정을 표현하는 문장을 쓰는 서술형 평가 문항을 만나 보도록 해요.

영훈이와 수진이의 대화를 읽고 영훈이가 수진이에게 해줄 말을 문장으로 작성하세요.

영훈: 수진아, 왜 이렇게 기운이 없어?

수진: 진로시간에 자신의 꿈에 대한 발표를 했는데, 친구들은 다들 자신의 꿈에 대해 멋지게 발표하는데 나는 아직 확실한 꿈이 없어서 제대로 말을 못 했어.

영훈: 그래? 그냥 네가 하고 싶은 것에 대해 말하지 그랬어.

수진: 나만 뚜렷한 꿈이 없다는 게 창피해서 더 말을 못 했어. 어떻게 하면 나의 꿈을 찾을 수 있을까?

영훈: ....

〈조건〉　1. '내가 만약 너라면 ～할 텐데'라는 가정법을 활용하여 문장을 구성할 것
　　　　　2. 최소 10개 이상의 단어를 사용해 작성할 것

....

....

....

이 문제의 답을 쓰려면 '내가 만약 너라면 ～할 텐데'라는 영어 표현을 알고 있어야 해요. 그리고 조언해 줄 내용을 한글로 먼저 쓴 다음에 해당하는 영어 단어를 10개 이상 배열해서 문장을 구성해야 해요.

★ 내가 만약 너라면 ～할 텐데

If I were you, I would ~

 I는 중복되니까 1개의 단어라고 치고, 벌써 5개의 단어는 확보된 셈이니 나머지 5～6개 정도의 단어만 더 생각해서 문장을 구성하면 되겠지요? 그럼 문장을 구성해 답을 써 볼까요? 다 쓰고 나서 예상 답안과 비교해 보세요.

• **If I were you, I would** think about what I like the most.

  내가 만약 너라면 내가 가장 좋아하는 것이 무엇인지 생각해 볼 텐데.

• **If I were you, I would** imagine what I want to do in the future.

  내가 만약 너라면 미래에 하고 싶은 일을 상상해 볼 텐데.

채점 기준	배점
• 〈조건〉 1과 2를 모두 충족한 문장을 완성하였으며, 의미 전달이 정확한 경우	5점
• 〈조건〉 1과 2 중 하나만 충족한 문장을 완성하였으며, 의미를 이해할 수 있는 경우	3점
• 〈조건〉 1과 2를 충족하지 못한 문장을 완성하였으며, 의미 전달도 모호한 경우 • 답안 미작성	0점

✎ 상점에서 점원과 손님의 대화를 보고 이어질 점원의 말과 손님의 말을 영어로 쓰세요.

점원: May I help you? 무엇을 도와드릴까요?

손님: How much is this watch? 이 시계는 얼마인가요?

점원: ① .... 10달러 52센트입니다.

손님: ② .... 좀 깎아 주실 수 있나요?

① 점원	
② 손님	

 이 문제는 단어만 잘 알고 있으면 거뜬히 쓸 수 있는 문제이니 얼른 써 보세요.

점원: It's 10 dollars and 52 cents.

손님: Can you give me a discount?

채점 기준	배점
• 점원과 손님의 말을 모두 정확하게 작성한 경우	6점
• 점원과 손님의 말 중 하나만 정확하게 작성한 경우	3점
• 오답 및 답안 미작성	0점

 영어 서술형 평가 중 영어로 된 긴 지문 안에 칸을 비워 놓고 내용을 문법이나 어휘 등의 주어진 〈조건〉에 맞게 문장으로 쓰는 문제들이 많이 출제돼요. 여기서는 영어를 너무 많이 사용하면 여러분이 어려울까 봐 아주 기본적인 문제들만 제시하였습니다. 영어 서술형 평가에 대비하려면 영어 공부와 글쓰기 공부도 열심히 하고 생각도 많이 해야 해요.

✎ 다음을 읽고 〈조건〉에 맞게 대화문을 완성하세요.

준서는 세영이와 토요일 아침 10시에 버스 터미널에서 만나 놀이동산에 가기로 약속을 한다.

준서: ⊙ .... 우리 주말에 놀이동산에 가자.

세영: OK! 좋아!

준서: Saturday or Sunday? When should we go? 토요일과 일요일 중 언제 갈까?

세영: I like Saturday. 나는 토요일이 좋아.

준서: Then ⊙ ....

〈조건〉 ⊙에는 Let's를 사용하여 제안을 나타내는 표현을 작성할 것

　　　　 ⊙에는 토요일 아침 10시에 버스 터미널에서 만나자는 약속 표현하기

⊙	
⊙	

 이 문제 역시 단어만 잘 알고 있으면 거뜬히 쓸 수 있는 문제이니 차근차근 생각해 보고 문장을 써 보세요.

ㄱ Let's go to an amusement park this weekend.

ㄴ Then let's meet at the bus terminal at 10 a.m. on Saturday.

채점 기준	배점
• ㄱ에 Let's를 사용하여 제안하는 문장을 정확하게 작성한 경우 • ㄴ에 토요일 아침 10시에 버스 터미널에서 만나자는 약속을 표현하는 문장을 정확하게 작성한 경우	각 3점
• ㄱ에 Let's를 사용하여 제안하는 문장을 작성했으나 어휘 및 표현에 약간의 오류가 있는 경우 • ㄴ에 토요일 아침 10시에 버스 터미널에서 만나자는 약속을 표현하는 문장을 작성했으나 어휘 및 표현에 약간의 오류가 있는 경우	각 2점
• ㄱ과 ㄴ 중 하나만 정확하게 작성한 경우	3점
• 오답 및 답안 미작성	0점

영어 서술형 문항을 풀어 보니 어떤가요? 영어는 외국어라 글쓰기를 하기 이전에 단어나 문법, 기본적인 표현 등에 대한 공부를 함께 해 두어야 한다는 것을 문제를 풀어 보면서 확인했을 거예요. 그렇다고 너무 걱정하지 마세요. 중학교에 가면 영어 선생님께서 평가에 대해 친절하게 안내해 주시고 수업 시간에 잘 가르쳐 주실 테니, 여러분은 지금부터 영어 공부와 문장 글쓰기부터 열심히 하면 돼요.

지금까지 중학교에 가면 여러분이 가장 많이 하게 되는 글쓰기 활동으로 '자기소개 글쓰기'부터, 성적에 가장 많은 영향을 미치는 '수행평가 대비 글쓰기'와 '서술형 평가 대비 글쓰기'에 대해 알아보았어요.

모쪼록 여러분들에게 큰 도움이 되었기를 바라면서 이 책은 한 번 읽는 것으로 끝내지 말고 중학교에 갈 때까지 여러 번 읽으면서 공부하기 바랍니다. 또 중학교에 가서도 틈틈이 읽으면서 성적 향상에 도움이 되기를 바라요.

p. 55

옆 사람을 배려해서 다리는 모으고 앉습니다.

전화 통화는 조용히 합니다.

임산부를 위해 임산부 배려석은 비워두자는 의미

p. 66

사물(or 사람)	사물의 모습(모양) 묘사하기	사물의 특징
	피노키오는 검은색 머리 위에 노랑 깃털이 달린 주황색 모자를 쓰고 있다. 검은색 동그란 눈에 갈색의 막대기 코가 길게 앞으로 나와 있고, 붉은 색의 입술을 벌려 웃고 있다. 몸에는 하늘색 반팔 셔츠에 귀여운 빨강 나비넥타이를 메고 있으며 두 팔을 벌린 채 바닥을 짚고 있다. 갈색 멜빵 반바지를 입고 갈색 구두를 신은 채 다리를 앞으로 뻗고 바닥에 앉아 있다.	• 거짓말을 하면 코가 길어짐 • 나무로 만들어졌음

p. 90

(1)	(2)
누구의 갈등인가요?	누구의 갈등인가요?
토끼 vs 거북	여우 vs 두루미
갈등의 이유는?	갈등의 이유는?
달리기 경주에서 이길 줄 알았던 토끼가 거북에게 지게 되어서	두루미가 여우를 식사에 초대했는데 여우가 먹을 수 없게 목이 긴 병에 음식을 담아 주어서

p. 126
이건 예시일 뿐 이외에도 여러 가지가 있습니다.

융해(고체 → 액체)		응고(액체 → 고체)	
고체 초콜릿	녹은 초콜릿	물	얼음
딱딱하게 굳어 있던 초콜릿이 녹는다.		물이 얼어서 얼음이 된다.	
기화(액체 → 기체)		액화(기체 → 액체)	
물	수증기	수증기	비
물이 끓어서 수증기가 된다.		수증기가 구름이 되어 비로 내린다.	
승화(고체 → 기체)		승화(기체 → 고체)	
드라이아이스	수증기	나뭇잎	서리가 내린 나뭇잎
드라이아이스를 실온에 놓으니 연기가 발생한다.		날씨가 맑은 겨울밤 나뭇잎에 서리가 내렸다.	